Burnout

Erkennen und verhindern

Dr. Christian Stock

Haufe.

Inhalt

Vorwort

Ist Burnout die Krankheit unserer Zeit? Müssen wir uns darauf einstellen, dass Ausbrennen der Preis für unsere entfremdete Lebensart ist? Ist es die Quittung für „höher, schneller, weiter"? Oder hatten die Menschen nicht immer schon Stress? Und wir jammern nur auf hohem Niveau?

Meine Erfahrung als Arzt und Therapeut ist: Viele Menschen leiden unter dem Burnout-Syndrom. Jeder kann in chronischen Stress geraten, dauernd überfordert sein und aus dem Erschöpfungszustand nicht mehr herausfinden. Egal, ob Sie ein Workaholic, ein Manager oder eine Mutter mit Doppelbelastung sind. Egal, ob Sie unter einer schwierigen beruflichen Situation leiden oder sich mit einer Kraft raubenden Familiensituation auseinandersetzen müssen. Niemand ist davor gefeit, vom Burnout erfasst zu werden. Die gute Nachricht ist jedoch: Jeder kann etwas dagegen tun!

Auf den folgenden Seiten werden Sie einige Antworten auf Fragen finden, die Sie beschäftigen, wenn Sie sich ausgebrannt fühlen: Ich zeige Ihnen, woran sie ein Burnout-Syndrom erkennen, wie es dazu kommen kann, welche Faktoren der beruflichen Situation eine Rolle spielen, aber auch, welche persönlichen Einstellungen und Verhaltensmuster das Risiko erhöhen. Und ich zeige Ihnen Wege auf, wie Sie sich vor dem Ausbrennen schützen und was Sie tun können, um einem bestehenden Burnout gegenzusteuern.

Dr. Christian Stock

Was ist Burnout?

Immer mehr Menschen fühlen sich ihren aufreibenden Lebensumständen und ihrer anstrengenden, mitunter von Angst geprägten beruflichen Situation nicht mehr gewachsen. Erschöpfungszustände, mangelnde Belastbarkeit, Ausgebranntsein sind oft die Folgen.

In diesem Kapitel erfahren Sie,

- was ein Burnout-Syndrom von „normalem" Stress unterscheidet (ab S. 7),
- was die drei wichtigsten Symptome von Burnout sind und woran Sie diese erkennen (ab S. 14),
- wie ein Burnout typischerweise verläuft (ab S. 20) und
- wie Sie herausfinden, ob Sie selbst gefährdet sind (ab S. 25).

Burnout – anders als Stress und Depression

Burnout ist durch eine Vielfalt von Symptomen gekennzeichnet, die zum Teil auch sehr unspezifisch sind. Deswegen ist ein Burnout vor allem in der Frühphase auch nicht leicht zu diagnostizieren.

Beispiel: Burnout oder „nur" Stress?

Frau S. ist alleinerziehend. Sie arbeitet zusätzlich halbtags. Nebenher betreut sie seit einem Jahr ihre pflegebedürftige Mutter. In letzter Zeit ist sie nur noch minimal belastbar. Sie weiß oft nicht, wie sie die Woche überstehen soll. Auch das Wochenende reicht nicht zur Erholung. Ihre sozialen Kontakte hat sie auf ein Minimum beschränkt. Sie hätte ohnehin keine Zeit. Frau S. leidet an Schlafstörungen und immer wiederkehrenden Infekten. Für die Erledigung ihrer beruflichen Arbeit muss sie sich mehr anstrengen als früher. Ein Vorgesetzter hat ihr schon den Vorwurf gemacht, sie mache nur noch Dienst nach Vorschrift und sei früher viel engagierter gewesen. Trotz des Urlaubs vor Kurzem ist sie nur minimal erholt. Sie hat das Vertrauen in sich selbst verloren, deswegen haben schon einige Freunde vermutet, dass sie vielleicht depressiv sei. Ihre Arbeitskolleginnen haben das durch den vermehrten Stress erklärt, den man als Alleinerziehende automatisch hat. Schließlich äußert der Hausarzt von Frau S. die Verdachtsdiagnose „Burnout-Syndrom". Frau S. ist jetzt verwirrt. Was fehlt ihr denn nun eigentlich wirklich?

Hat Frau S. ein Burnout-Syndrom? Kritiker machen geltend, dass der Begriff sowieso sehr unscharf definiert ist und zu einer Art Modeerscheinung wurde. Nach dem Motto: Alles was schlecht ist, ist Burnout.

Ist Burnout eine Krankheit?

Für eine erste Annäherung an das Burnout-Syndrom bietet sich der Blick in internationale Krankheitsklassifikationen an. Im ICD (Internationale Klassifikation von Krankheiten der WHO) ist Burnout unter der Rubrik „Zusatzdiagnosen" klassifiziert, also nicht als Krankheit. Es gibt dort bereits eine andere, sehr alte Diagnose, „Neurasthenie", die einen Erschöpfungszustand beschreibt. Dieser deckt aber nur zum Teil die Symptome ab, die unter einem Burnout-Syndrom verstanden werden. Was bedeutet das? Einerseits wird, so mein Fazit, den Betroffenen Unrecht getan, weil man ihre Beschwerden nicht als Krankheit würdigt – mit allen Konsequenzen, die so etwas hat, z. B. im Extremfall, dass die Krankenkassen die Behandlung nicht bezahlen. Andererseits wird der Begriff zum Teil sehr großzügig benutzt. Kritiker sagen, dass es schon immer das Phänomen der Erschöpfung gegeben hat, und Burnout nur alter Wein in neuen Schläuchen ist. Meiner Ansicht nach ist es aber ein neueres Zeitphänomen, das durch Veränderungen in der Arbeitswelt, Globalisierung, Auflösung von Familienstrukturen und durch demografische Entwicklungen verstärkt wird. Das heißt, es kann sich beim Burnout auch durchaus um ein bisher relativ unverstandenes Syndrom handeln, welches in den Diagnostikhandbüchern einfach noch keinen Niederschlag gefunden hat.

Parallelen zum Stress

Die Fachleute werden in den nächsten Jahren sicherlich noch viel dazu forschen. Fest steht, dass sich in einer Befragung der Techniker Krankenkasse aus dem Jahr 2009 etwa jeder dritte Bundesbürger über chronischen Stress beklagte. Natürlich hat nicht automatisch jeder Dritte ein Burnout-Syndrom. Aber wir verzeichnen eine deutliche Zunahme von psychischen Erkrankungen bei allen Krankenkassen. Laut einer anderen Studie der Krankenkasse DAK „dopen" sich ca. 800.000 Beschäftigte regelmäßig mit Aufputschmitteln und stimmungsaufhellenden Medikamenten, um die Stressbelastung bei der Arbeit zu kompensieren und leistungsfähig zu bleiben. In den Medien wird dies als „Jobdoping" bezeichnet.

> Burnout ist nicht gleich Stress, sondern resultiert aus chronischem Stress. Stressfaktoren spielen als Auslöser also eine große Rolle beim Entstehen eines Burnout-Syndroms.

Das sogenannte Adaptionssyndrom (Resultat von chronischem Stress) entspricht in vielen Punkten den körperlichen Anzeichen eines Burnouts. Damit können die körperlichen Symptome von Burnout mit den Ergebnissen der klassischen Stressforschung erklärt werden: Stress ist die Ursache, Burnout die Folge. Ursache und Wirkung werden oft durcheinandergebracht. Burnout entsteht nur bei chronischem Stress und dauerhaftem Ungleichgewicht zwischen Anspannung und Ruhe bzw. Aktivität und Erholung. Diese Balance ist beim Burnout-Syndrom oft gestört.

Beispiel: Vom Stau zum Nervenzusammenbruch

Herr W. ist im Außendienst tätig und fährt jede Woche viele Kilometer mit dem Auto. Die Autobahn war ständig zu. Herr W. hatte das Gefühl, dass sich alle Baustellen immer genau auf seiner Route befanden. Warum war die Fahrbahn eigentlich stets kilometerweit abgesperrt, obwohl nirgends Bauarbeiter zu sehen waren? Warum kam eigentlich immer nur er in den Stau? Er nahm ja schon seit einiger Zeit Blutdrucktabletten. Trotzdem regte er sich auf. Schließlich kam es eines Morgens bei Herrn W. zu einem Nervenzusammenbruch und er musste mit Kreislaufproblemen und Herzrasen ins Krankenhaus.

Sie fragen sich, ob für ein Burnout-Syndrom nicht wesentlich Dramatischeres passieren muss? Schließlich sind viele von uns vergleichbaren Stresssituationen ausgesetzt. Lassen Sie uns genauer hinsehen.

Wie entsteht chronischer Stress?

Stress wird ausgelöst durch eine Vielzahl von sogenannten Stressoren.

Stressoren

Ob diese Stressoren, wenn sie zusammenwirken, bei uns auch chronischen Stress erzeugen, ist abhängig von

- unserer Einschätzung einer Situation,
- unserer Fähigkeit zur Bewältigung dieser Situation und
- der Intensität und Dauer der Stressoren.

Einschätzung und Bewältigung

Wie wir auf die Stressoren reagieren, ist individuell unterschiedlich und hängt nicht zuletzt auch von unserer Einschätzung der Situation ab. Wenn wir einen Stressor als bedrohlich einstufen und glauben, ihn nicht oder nur schwer bewältigen zu können, dann löst der Stressor in uns eine Belastungsreaktion aus. Erst dann führt er also zu Stress. Das erklärt, warum unterschiedliche Menschen in einer vergleichbaren Situation verschieden reagieren, die einen als Stress empfinden, die anderen nicht.

Beispiel: Ist doch kein Problem

Wie Herr W. aus dem Beispiel auf Seite 8 ist auch Herr S. jeden Tag mit dem Auto zu seinen Kunden unterwegs. Er akzeptiert, dass er auf sein Auto angewiesen ist, hört sich interessante Hörbücher an, wenn er in den Stau gerät, lässt sich, falls möglich, von seinem Navigationsgerät, frühzeitig Umwege anzeigen und legt seine Termine so, dass er fast immer pünktlich kommt, auch wenn auf der Autobahn wieder einmal mehr los ist.

Herr S. hat keinen Stress, Herr W. schon. Natürlich kann Herr S. die Lage falsch einschätzen und sich übernehmen. Dann hätte er auch Stress. Oder Herr W. hat die Situation als bedrohlich eingestuft und sie war im Nachhinein gar nicht so schlimm. Herr W. hätte dann doch keinen Stress gehabt. Wie wir sehen, ist das Phänomen vielschichtig und von unserer Einschätzung der Lage und somit von unserer Einstellung abhängig. Psychologen nennen das die Bewältigungsfähigkeit einer Person. In der Fachsprache wird die Bewältigungsfähigkeit auch Coping genannt.

Zu den äußeren Einflüssen, wie z. B. erhöhte Arbeitsbelastung, kommen innere Einflüsse, nämlich unsere generelle Persönlichkeitsstruktur, unser Charakter. Sind wir z. B. sehr erfolgsorientiert eingestellt, suchen wir vielleicht förmlich den Stress und fühlen uns scheinbar nur bei möglichst vielen Herausforderungen wohl. Sind wir aber von der Wesensart eher zurückhaltend, dann werden wir versuchen, Stressoren auszuweichen und sie nach Möglichkeit zu vermeiden. Unsere Charaktereigenschaften und unsere Prägung (durch Elternhaus, Gesellschaft, Kultur) spielen also eine große Rolle dabei, ob uns etwas stresst oder kalt lässt.

Intensität und Dauer der Stressoren

Natürlich gibt es auch hier Grenzen. Auch jemand mit sehr guter Bewältigungsfähigkeit kann in Stress geraten, wenn es einfach zu viel wird oder er den Stressoren lange Zeit ausgesetzt ist. In diesem Fall spricht man von chronischem Stress, d.h. die Stressoren wirken über einen längeren Zeitraum und pausenlos auf eine Person ein und zwischendurch besteht keine oder zu wenig Möglichkeit zur Regeneration. Hinzu kommt: Je intensiver der Stressor ist (z. B. schwere Erkrankung, Unfall, körperliche Übergriffe), desto wahrscheinlicher ist eine eingeschränkte Bewältigungsfähigkeit und somit muss mit einer Stressreaktion gerechnet werden. Andererseits dürfen die alltäglichen Kleinigkeiten nicht unterschätzt werden. In der neueren Stressforschung spricht man von daily hazzles, das wären z. B. die verpasste Straßenbahn, der Stau, in dem Herr W. aus unserem Beispiel (siehe S. 8) steht, usw. Für sich genommen sind dies Kleinigkeiten des Alltags, aber in der Summe tragen sie zur gesamten Stressbilanz einer Person bei. Wir kennen alle den Tropfen, der ein Fass zum Überlaufen bringt – auch ein Stressor mit geringer Intensität kann eine große Wirkung haben.

Balance zwischen Unter- und Überspannung

Erwähnt sei hier auch, dass selbst jemand, der sich schont und alles ruhig angeht, in Stress geraten kann. Wie geht das denn nun? Das Stichwort ist hierbei die Unterforderung, englisch „Boreout". Aus der Stressforschung wissen wir, dass es auch so etwas wie Unterforderung gibt. Das bedeutet, man läuft untertourig, man ist gelangweilt und wenig motiviert. Die Leistungen sind in diesem Fall schlecht. Erst bei einer mittleren Stressdosis zeigt man gute Arbeitsergebnisse, ist motiviert und erlebt Stress als Herausforderung. Bei einem zu hohen Anspannungsniveau sinkt die Leistung dann wieder ab. Daraus ergibt sich, dass ein ausgewogenes Verhältnis (Gleichgewicht) von Anspannung, Aktivierung und Erregung gefordert ist, um effektiv und produktiv zu sein und weder in ein Boreout noch in ein Burnout zu geraten. Diesen Zusammenhang verdeutlicht die folgende Grafik:

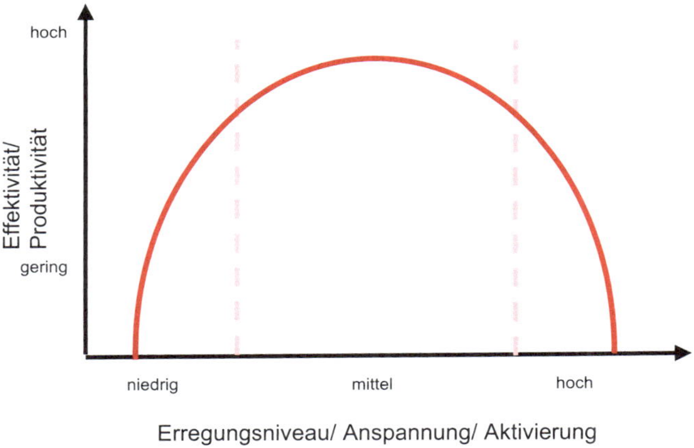

Das Yerkes-Dodson-Gesetz: Zusammenhang zwischen Stressdosis und Leistung

Unterschiede zur Depression

Da die Symptome des Burnouts sich zum Teil auch mit denen einer Depression decken und es hier Überlappungen gibt, stellen manche Ärzte gern letztere Diagnose. Tatsächlich kann man ein fortgeschrittenes Burnout-Syndrom nur schwer von einer Depression unterscheiden. Dazu muss man eine genaue Krankengeschichte (Anamnese) erheben und sehr differenziert die Belastungsfaktoren erfragen, die zu der Erschöpfung geführt haben.

Manche Autoren halten das Burnout für eine besondere Form der Depression. Doch es deutet vieles darauf hin, dass ein

Burnout wesentlich komplexer ist als eine Depression. Leitsymptom ist, wie bereits erwähnt, die Erschöpfung auf mehreren Ebenen, also das charakteristische Ausgebranntsein, welches zu unterscheiden ist von der Antriebslosigkeit einer depressiven Episode.

Die Leitsymptome des Burnouts

Lassen Sie uns nun die drei Leitsymptome des Burnouts – Erschöpfung, Entfremdung und Ineffektivität – im Einzelnen anschauen.

Erschöpfung

Der Betroffene hat das Gefühl, emotional und körperlich entkräftet zu sein. Jeder kennt die Begleitumstände einer körperlichen Erschöpfung, aber was soll eine emotionale Erschöpfung sein? Es gibt dazu verschiedene Begriffe, die den Zustand genauer beschreiben (siehe Übersicht auf der nächsten Seite). Auf der emotionalen Seite sind dies eigentlich lauter Zustände, die man eher mit einer Depression in Verbindung bringen würde. Tatsächlich gibt es hier Parallelen, wie oben dargestellt (S. 13). Einige amerikanische Autoren benutzen auch den Begriff „Überdruss" (Tedium).

Merkmale von Erschöpfung bei Burnout	
emotional	**körperlich**
▪ Niedergeschlagenheit ▪ Hilflosigkeit ▪ Hoffnungslosigkeit ▪ fehlende Kontrolle von Gefühlen, z. B. unbeherrschtes Weinen oder erhöhte Reizbarkeit mit Wutausbrüchen ▪ Angstgefühle ▪ Leeregefühl, Lustlosigkeit, Entmutigung und Vereinsamung	▪ Energiemangel, Schwäche, chronische Müdigkeit ▪ Verspannungen der Muskulatur, Rückenschmerzen ▪ Erhöhte Infektionsanfälligkeit ▪ Schlafstörungen ▪ funktionelle Störungen, z. B. Herz-Kreislauf- oder Magen-Darm-Probleme ▪ Konzentrations- und Gedächtnisstörungen ▪ Unfallträchtigkeit

Entfremdung

Die Betroffenen spüren eine distanzierte, gleichgültige Einstellung gegenüber der Arbeit und gegenüber anderen Menschen. Früher glaubte man, dass Burnout vor allem in sogenannten sozialen Berufen auftritt, weil diese eine besonders intensive emotionale Belastung mit sich bringen, also z. B. bei Krankenschwestern, Sozialarbeitern, Lehrern, Erzieherinnen. Man kann sich leicht vorstellen, dass gerade im sozialen Bereich eine entfremdete Einstellung gegenüber den Klienten erhebliche Probleme entstehen lässt. Mittlerweile ist deutlich geworden, dass sich auch andere Berufstätige ihren Kollegen und Vorgesetzten gegenüber entfremden. So erklären sich Phänomene wie ein schlechtes Betriebsklima oder innere Kündigung und Dienst nach Vorschrift. Unter Entfremdung wird ein fortschreitender Abbau von Idealismus, Zielstrebigkeit und Anteilnahme verstanden. Das ursprüngliche Interesse an der Arbeit verblasst und wird ersetzt durch Zynismus. Kunden werden als Belastung erlebt, Vorgesetzte als Bedrohung, Kollegen als Plage.

Ein besonderes Kennzeichen der Entfremdung ist die entwertende Einstellung gegenüber anderen, die sich im Extremfall zu Verachtung, Sarkasmus und Aggressivität steigern kann. Damit einher geht oft der Verlust der Bereitschaft zum Kontakt mit Kollegen und Kunden.

Typischerweise reduziert ein Mitarbeiter, der früher sehr motiviert war, sein Engagement auf ein völliges Minimum, weil er einerseits enttäuscht und frustriert ist, aber andererseits auch wirklich so erschöpft ist, dass er „einfach nicht mehr kann".

Beispiel: Innerlich gekündigt

Frau B. hat resigniert. In der Firma war kein Aufstieg mehr möglich. Obwohl sie sich jahrelang stark engagiert hatte, bekam jemand anders die Beförderung, die eigentlich ihr zustand. In der Firma herrschte eine einseitige Bevorzugung einzelner Mitarbeiter. Der Großteil der übrigen Mitarbeiter sah, dass er pünktlich nach Hause kam. Krankschreibungen waren an der Tagesordnung. Einige Kollegen zählten nur noch die Tage bis zur Altersteilzeit. Motiviert war hier schon lange niemand mehr. Bürokratische Auflagen und Überregulierung nervten immer mehr. Dann wurden noch zwei Abteilungen zusammengelegt.

Selbst die Kunden nervten Frau B. schon lange und am Telefon gab sie fast nur noch schlecht gelaunte Antworten. Ihrem Abteilungsleiter war es egal. Frau B. konnte aber unmöglich kündigen, weil sie dann viele Vergünstigungen aufgegeben hätte. Sie hatte nämlich noch einen von den heiß begehrten alten Verträgen. Frau B. hatte sich für die innere Kündigung entschieden.

Auch der private Bereich wird bei chronischer, lang anhaltender Belastung mit einbezogen: Man nimmt seine Sorgen mit nach Hause und Familie und Freundeskreis spüren eine Veränderung. Vielleicht ist der Betroffene gereizter als sonst oder einfach nur desinteressiert. Im Extremfall findet auch eine Entfremdung von allen bisher bestehenden sozialen Beziehungen statt und der Betroffene isoliert sich (wenn Freunde anrufen, besteht kein Interesse mehr, gemeinsam etwas mit ihnen zu unternehmen).

Merkmale von Entfremdung bei Burnout

- Negative Einstellung zum Selbst
- Negative Einstellung zum Leben
- Negative Einstellung zur Arbeit
- Negative Einstellung zu anderen
- Verlust der Kontaktfähigkeit
- Verlust der Selbstachtung
- Gefühl der Unzulänglichkeit
- Gefühl der Minderwertigkeit

Ineffektivität

Ineffektivität bedeutet: Der Betroffene hat das Vertrauen in seine eigenen Fähigkeiten verloren und erlebt sich beruflich als Versager. Einerseits ist dies eine Selbsteinschätzung, andererseits liegt die verminderte Leistungsfähigkeit auch meistens tatsächlich vor. Diese reduzierte Belastbarkeit ist das dritte typische Hauptkriterium beim Burnout-Syndrom. Charakteristischerweise benötigt der Betroffene für dieselbe Aufgabe, die er früher mit Leichtigkeit bewältigt hat, jetzt ein Vielfaches an Zeit. Auch muss er sich jetzt weit mehr anstrengen, um dieselbe Aufgabe zu meistern. Typischerweise werden die Regenerationszeiten immer länger, das bedeutet beispielsweise, dass auch ein Urlaub oder ein langes Wochenende für den Betroffenen nicht mehr ausreichen, um sich zu erholen und neue Kräfte zu sammeln.

Beispiel: Ausrangiert?

Herr M. konnte sich das nicht erklären. Er war früher das Arbeitstier in der Abteilung. Wenn alle anderen Kollegen schon nicht mehr konnten, dann war Herr M. immer noch zur Stelle. Keine Aufgabe war ihm zu schwer. Seine Belastbarkeit erschien unendlich. Er zog mehrere Kollegen über Jahre mit durch. Jetzt machten sich die ersten Ausfallerscheinungen bemerkbar. Herr M. hatte unerwarteterweise Konzentrations- und Gedächtnisstörungen. Er machte sogar kleinere Fehler. Zum Glück fielen die kaum ins Gewicht. Auch war er körperlich nicht mehr so belastbar. Herr M. musste jetzt mehr aufpassen als bisher. Er benötigte mehr Energie und mehr Zeit für Aufgaben, die er früher mit links erledigt hatte. Zunächst erklärte er sich das mit dem zunehmenden Alter und er machte zunächst lockere Sprüche zu seinen Kollegen, um darüber hinwegzuspielen. Schließlich nagten aber Selbstzweifel an ihm und er war zutiefst verunsichert. Als sein Hausarzt ihn das erste Mal krank schrieb, um ihn einmal aus dem Umfeld herauszunehmen, versank er vor Scham fast im Boden.

Für das Burnout typisch, hatte Herr M. anfangs ein überdurchschnittliches Engagement gezeigt. Er konnte die Intensität seines Einsatzes natürlich nicht über einen unendlich langen Zeitraum aufrechterhalten. Umso schwerer fällt es ihm jetzt, das Erreichte loszulassen und alles etwas langsamer anzugehen. Auf keinen Fall will er versagen. Er stand immer an der Spitze, war ein Leistungsträger. Er kann es sich jetzt nicht leisten, kürzerzutreten. Dadurch befindet er sich in der Zwickmühle zwischen seinem Anspruch und dem, was er tatsächlich bewältigen kann.

Merkmale von Ineffektivität bei Burnout

- Unzufriedenheit mit der eigenen Leistung
- Reduzierte persönliche Leistungsfähigkeit
- Höherer Arbeitsaufwand
- Antriebsverlust
- Mangelnde Tatkraft
- Motivationsabbau
- Gefühl des Versagens

So kann ein Burnout verlaufen

Die meisten Autoren beschreiben den Verlauf des Burnout-Syndroms in Phasen. Burnout wird also als – unter Umständen zeitlich lang andauernder – Prozess gesehen. Die Phasen können nacheinander durchlaufen werden, man kann sie aber auch zum Teil überspringen. Das kürzeste Modell unterscheidet drei, das längste zwölf Phasen. Die Bereiche gehen teilweise ineinander über und sind schwer voneinander abzugrenzen (Überlappung). Beispielhaft sei hier das Phasenmodell von Edelwich & Brodsky wiedergegeben. Die Beschreibungen sind idealtypisch, wir müssen also zur Verdeutlichung etwas übertreiben.

Beispielhafter Verlauf von Burnout

Idealistische Begeisterung

In fast allen Modellen gehen die Forscher von einem Prototyp aus, der sich anfangs beruflich sehr stark engagiert, mehr als der Durchschnitt. Große Hoffnungen und Energien stehen unrealistischen Erwartungen an sich selbst oder die Umwelt gegenüber. Als Beispiel sei ein Sozialarbeiter genannt, der erwartet, durch seine Arbeit alle Drogenabhängigen in seinem Bezirk zu retten. Er geht auch davon aus, dass ihn seine Dienststelle uneingeschränkt unterstützt und seine Klienten alle ernsthaft Hilfe suchen. Vielleicht setzt er seine Energien ineffektiv ein, weil er es so gut meint mit seinen Klienten. Er überschätzt sich selbst und ist grenzenlos optimistisch. Ein Phänomen kann auch sein, dass sich jemand mit seiner Arbeit und seinen Klienten überidentifiziert, also nur noch für die Arbeit lebt und sich ansonsten nach außen hin isoliert. Natürlich gibt es auch viele Arbeitnehmer und Selbstständige, die sehr viel Engagement zeigen, ihr Gegenüber realistisch einschätzen und nicht automatisch ein Burnout bekommen. Und es gibt es durchaus Menschen, die in ihrer Arbeit aufgehen und die große Erfolgserlebnisse daraus ziehen. Wie immer geht es dabei um die Balance, die richtige Dosierung und den entsprechenden Ausgleich.

Stillstand/Stagnation

In dieser Phase hat unser Sozialarbeiter genug von der Realität erfahren, um seine anfänglichen Ideale zu relativieren. Es hat Enttäuschungen gegeben. Noch immer erledigt er seine Arbeit, diese ist aber schon lange nicht mehr so spannend für ihn wie am Anfang. Was vorher unwichtig erschien (Bezahlung, Aufstiegsmöglichkeiten), rückt jetzt mehr in den Vordergrund. Das Familienleben beginnt zu leiden. Das Leben ist im Wesentlichen auf die Arbeit reduziert. Typischerweise merken der Betroffene und Außenstehende in der Anfangsphase von Burnout noch kaum Anzeichen dafür.

Frustration

Im weiteren Verlauf erkennt der Sozialarbeiter, wie wenige Handlungsmöglichkeiten er wirklich hat. Er stellt sich sozusagen die Sinnfrage. Er hat erfahren, wie machtlos er eigentlich ist. Der Wert seiner Arbeit und die Effektivität werden von ihm grundsätzlich infrage gestellt. Er hat zunehmende Probleme mit der Bürokratie und fehlender Anerkennung durch seine Klienten und Vorgesetzten. Die Diskrepanz zwischen dem, was er gerne machen würde, und was sich tatsächlich umsetzen lässt, führt zu zunehmender Enttäuschung.

Apathie

Schließlich folgt als Abwehr der Frustration die innere Kündigung. Wenn die Arbeit ständig frustriert und keine Aussicht auf Veränderung besteht, wird nur noch das Nötigste gemacht. Herausforderungen und Kundenkontakte werden vermieden, alles wird mit dem geringsten zeitlichen Aufwand erledigt. Der anfängliche Enthusiasmus ist völlig verloren gegangen. Resignation und vielleicht Verzweiflung wegen fehlender beruflicher Alternativen kommen hinzu.

Innere und äußere Stressoren

Die folgende Grafik ist als Modell zu verstehen. Sie zeigt idealtypisch auf, dass Burnout immer ein Ergebnis von Charaktereigenschaften und von Außenbedingungen ist. Bei jedem Betroffenen sind die Anteile unterschiedlich gewichtet. Wir sehen also Menschen, die mehr passiv die Rahmenbedingungen erdulden, und solche, die aktiv zu einem großen Teil ihr Burnout-Syndrom selbst hervorbringen. Die meisten

Betroffenen sind Mischtypen und eher im mittleren Bereich der Grafik anzusiedeln.

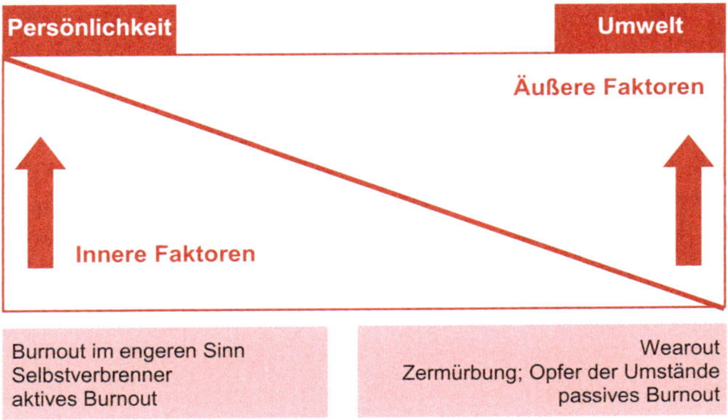

Innere und äußere Faktoren des Burnouts (Quelle: M. Burisch, Das Burnout-Syndrom)

Wenn jemand ausschließlich durch äußere Rahmenbedingungen und seine Umwelt unter Druck gesetzt wird (ohne wesentliche Eigenanteile), dann spricht man vom Wearout oder Verschlissenwerden. Umgekehrt wird ein Workaholic, also ein Arbeitssüchtiger, überwiegend oder ausschließlich durch seine Charaktereigenschaften angetrieben. Er müsste eigentlich gar nicht so viel arbeiten, tut es aber aus einem inneren Drang heraus.

Beruflicher und privater Burnout

Standardmäßig gehen viele Experten von einem beruflichen Burnout aus: von Menschen, an die im Arbeitsleben hohe Anforderungen gestellt werden, die viele Überstunden leisten und die vielleicht nur noch zum Schlafen nach Hause kommen, wenn überhaupt (siehe Kapitel „Risikofaktoren", ab S. 29). Das trifft oft zu, beschreibt aber nicht alle Lebenssituationen, die zu einem Burnout führen können. Es gibt durchaus so etwas wie ein privates bzw. familiäres Burnout. Typische Fälle sind Personen, die einen pflegebedürftigen Angehörigen oder chronisch Kranken betreuen oder verhaltensauffällige Kinder erziehen – besonders wenn eine Belastung durch den Job dazukommt, etwa wenn das Betriebsklima im Argen liegt.

Beispiel: Kräfte zehrender Alltag

Frau H. hat drei Kinder und ein Haus mit Garten. Man würde sie als „glücklich verheiratet" bezeichnen. Sie ist in der Gemeinde aktiv und kümmert sich um ihren pflegebedürftigen Vater. Ein Kind ist verhaltensauffällig, sie muss viel Geduld aufbringen und unzählige Termine bei Ärzten und Psychologen wahrnehmen. Ihr beruflich sehr eingespannter Mann kommt immer erst sehr spät nach Hause. Die Schwiegermutter wohnt im selben Haus und entwickelt langsam eine Demenz. Auf keinen Fall will sie in ein Heim. Zweimal die Woche geht Frau H. zum Sport und einmal die Woche zum Chor. Irgendwann findet ihr Mann sie spät abends weinend in der Küche: „Ich kann nicht mehr, ich weiß einfach nicht mehr weiter."

Übrigens können auch Teilzeitstellen Burnout auslösen. Dabei arbeitet man zwar weniger Stunden als bei einer Vollzeitstelle, aber das bedeutet oft nur scheinbar eine Entlastung, weil die Arbeit in vielen Fällen lediglich komprimiert ist, die Aufgaben aber die gleichen bleiben wie bei einer vollen Stelle. Das können viele Betroffene bestätigen, die ihre Stunden reduziert haben in der Hoffnung, dann mehr Erholungszeit zu haben. Oft müssen sie dann aber dieselbe Arbeit einfach in weniger Zeit erledigen. Im Fachjargon nennt man das dann „Verdichtung". Also können Sie durchaus an einem Burnout leiden, auch wenn Sie nicht Vollzeit arbeiten, ja selbst wenn Sie gar nicht berufstätig sind. Entscheidend ist die Kombination der Belastungsfaktoren über einen bestimmten Zeitraum. Besonders gefährdet ist man natürlich, wenn sowohl beruflich als auch privat mehrere Stressauslöser gleichzeitig vorhanden sind.

Der Selbsttest: Bin ich gefährdet?

Im Folgenden ist einer der bekanntesten Fragebögen, der sogenannte Tedium Measure (kurz TM) von Christina Maslach und Ayala Pines (1981) wiedergegeben. Tedium bedeutet „Überdruss". Der Vorteil des Tests ist, dass er schnell ausgefüllt und ausgewertet werden kann. Er gibt Ihnen einen ersten Anhaltspunkt, ob Sie gefährdet sind, Burnout zu bekommen: Sie können feststellen, wie Sie Ihre Arbeit oder Ihr Leben empfinden, wie Sie sich im Allgemeinen oder auch nur an diesem Tag fühlen. Bewerten Sie anhand einer Skala von 1 bis 7, wie stark die Aussagen zutreffen (1 niemals, 2 ein- oder zweimal, 3 selten, 4 manchmal, 5 oft, 6 meistens, 7 immer).

Fragen A:	1	2	3	4	5	6	7
Sind Sie müde?							
Fühlen Sie sich niedergeschlagen?							
Fühlen Sie sich körperlich erschöpft?							
Fühlen Sie sich emotional erschöpft?							
Fühlen Sie sich erledigt?							
Fühlen Sie sich ausgebrannt?							
Sind Sie unglücklich?							
Fühlen Sie sich abgearbeitet?							
Fühlen Sie sich gefangen?							
Fühlen Sie sich wertlos?							
Sind Sie überdrüssig?							
Sind Sie bekümmert?							
Sind Sie über andere verärgert oder von ihnen enttäuscht?							
Fühlen Sie sich schwach und hilflos?							
Fühlen Sie sich hoffnungslos?							
Fühlen Sie sich zurückgewiesen?							
Haben Sie Angst?							
Summe A							

Fragen B:	1	2	3	4	5	6	7
Haben Sie einen guten Tag?							
Sind Sie glücklich?							
Fühlen Sie sich optimistisch?							
Fühlen Sie sich tatkräftig?							
Summe B							

Die Auswertung

Bilden Sie aus A und B die Summen getrennt. Ziehen Sie das Ergebnis der Fragen B von der Zahl 32 ab. Zählen Sie das Ergebnis der Fragen aus A hinzu. Teilen Sie die Endsumme durch die Zahl 21. Jetzt haben Sie Ihren Überdrusswert.

- Werte zwischen 2 und 3 sind okay, es geht Ihnen gut. Vorausgesetzt, Sie haben ehrlich geantwortet.
- Werte zwischen 3 und 4 zeigen an, dass Sie Überdruss empfinden. Vermutlich besteht Handlungsbedarf. Sie sollten sich in Ihrem familiären Umfeld und im Freundeskreis beraten lassen und Unterstützung suchen. Bei vorwiegend beruflicher Belastung: Besprechen Sie mit Vorgesetzten und Betriebsrat mögliche Entlastungen.
- Werte über 5 weisen auf eine ernstzunehmende Krise hin, Sie sind aller Wahrscheinlichkeit nach auf professionelle Hilfe etwa durch einen Hausarzt, Betriebsarzt, Betriebspsychologen, Coach oder Psychotherapeuten angewiesen (z. B. können Sie mit dem Hausarzt eine Reha-Maßnahme planen). Wenn Ihr Testergebnis hoch war, dann bewahren Sie die Ruhe! Der Test ist sehr allgemein gehalten und nur ein Einstieg ins Thema.

Wenn Sie genauere Informationen suchen, gibt es noch wesentlich differenziertere Tests. Der zweite sehr verbreitete Test ist der sogenannte MBI (Abkürzung für „Maslach Burnout Inventory"). Sie finden ihn kostenlos im Internet.

Hilfen zur Einschätzung

Eine betroffene Person ist in einem Burnout-Prozess mehr oder weniger weit fortgeschritten, je mehr Symptome vorliegen und je intensiver diese auftreten. Lesen Sie noch einmal die Beschreibungen unter den Punkten Erschöpfung, Entfremdung und Ineffektivität (S. 14). Je mehr Sie sich dort wiedererkennen und je stärker die Symptome sind, desto wahrscheinlicher ist es, dass Sie betroffen sind. Wenn Sie sich nur zum Teil oder nicht in allen drei Kategorien wiederfinden, sinkt das Risiko. Seien Sie aber unbedingt ehrlich mit sich. Verdrängung und Verleugnung sind nicht angebracht. Umgekehrt sollen Sie sich auch nicht in die Beschreibungen hineinsteigern und das Gras wachsen hören. Wie bereits erwähnt, sind viele der Symptome sehr unspezifisch und können auch andere Ursachen haben.

Auf einen Blick: Was ist Burnout?

- Beim Burnout gibt es Überschneidungen mit den Symptomen von Stress und Depression.
- Burnout kann sich durch chronischen Stress entwickeln.
- Die drei Leitsymptome des Burnouts sind Erschöpfung, Entfremdung und Ineffektivität.
- Ein Burnout verläuft in Phasen, oft über lange Zeiträume.
- Burnout kann durch innere und äußere Faktoren sowie durch private und/oder berufliche Faktoren ausgelöst werden.

Risikofaktoren in der beruflichen Situation

Die klassischen Ursachen eines Burnout-Syndroms liegen im Berufsleben. Härtere Arbeitsbedingungen, Konkurrenzdruck oder die Angst vor einer Kündigung bedeuten für viele Betroffene Stress.

In diesem Kapitel lesen Sie, wie die folgenden Faktoren das Risiko eines Burnouts erhöhen:

- erhöhte Arbeitsbelastung (ab S. 31),
- ständige Störungen (ab S. 32),
- fehlende Autonomie und ständige Kontrolle (ab S. 34),
- rücksichtslose Kollegen und ungerechte Vorgesetzte (ab S. 37) sowie
- Konflikte zwischen den individuellen Werten und denen der Firma (ab S. 40).

Allgemeine Risikofaktoren

In einer Veröffentlichung der OSHA (Europäische Agentur für Sicherheit und Gesundheitsschutz am Arbeitsplatz) aus dem Jahr 2007 werden als Ursachen für arbeitsbedingten Stress u. a. folgende genannt:

- Unsichere Arbeitsverhältnisse im Kontext eines instabilen Arbeitsmarktes; Gefühl der Arbeitsplatzunsicherheit
- Zunehmende Anfälligkeit für Stress im Kontext der Globalisierung, z. B. Verunsicherung und Ängste durch Verlagerung von Arbeitsplätzen ins Ausland
- Verunsicherung durch neue Formen von Arbeitsverträgen, z. B. geringerer Kündigungsschutz, weniger Urlaub, mehr Überstunden, 400-Euro-Job statt Vollanstellung
- Lange Arbeitszeiten und Intensivierung der Arbeit (Erhöhung der Produktivität und somit Verdichtung)
- „Schlanke" Produktion und Outsourcing (Stellen werden abgebaut und Abteilungen geschlossen)
- Erhöhte emotionale Anforderungen bei der Arbeit (es wird mehr soziale/emotionale Kompetenz gefordert; durch soziale Veränderungen wird die Klientel anstrengender, das berichten z. B. Lehrer oder Sozialarbeiter)
- Unzureichende Vereinbarkeit von Beruf und Privatleben

Jetzt könnte man natürlich sagen: „So ist das eben, dagegen kann man eh nichts machen. Wir unterliegen alle diesen Faktoren." Wer vom Burnout betroffen oder zumindest gefährdet ist, sollte aber eher lösungsorientiert an diese Herausforderungen herangehen. Im Folgenden beleuchte ich einzelne Aspekte und zeige Möglichkeiten auf, aus der Situation herauszutreten.

Erhöhte Arbeitsbelastung

Die Arbeitswelt hat sich in den letzten Jahrzehnten verändert: Durch die Erhöhung der Produktivität übernehmen immer weniger Menschen immer mehr Aufgaben. Durch neue Technologien sind neue Tätigkeiten hinzugekommen, durch Personaleinsparungen hat die Arbeitsdichte zugenommen.

Gestiegene Anforderungen

Wir leben in einer Informationsgesellschaft, das heißt, wir werden ständig mit Informationen, Lesestoff und Lernmöglichkeiten überflutet. Wir müssen heute deshalb ein Vielfaches an Informationen verarbeiten. Außerdem leben wir in einer Dienstleistungsgesellschaft, was bedeutet, dass unsere Kunden hohe Ansprüche an die Qualität der Dienstleistung, an Schnelligkeit und Flexibilität haben. Hinzu kommt die stark regulative Umgebung in manchen Berufen (insbesondere helfende oder pflegerische Berufe), in der Behörden und Berufsverbände ein ständiges Bedürfnis nach Daten, Formularen und Berichten haben.

Beispiele: Bürokratischer Aufwand

Eine Altenpflegerin muss für die Dokumentation oft mehr Zeit aufwenden als sie hat, um persönliche Kontakte zu ihren Patienten aufzubauen. Oder der Arzt hat in der Sprechstunde im

Durchschnitt nur sieben Minuten pro Patient Zeit, muss aber zeitaufwändige seitenlange Kostenübernahmeanträge an die Krankenkassen schreiben, von denen dann viele abgelehnt werden.

Die erhöhte Arbeitsbelastung ist ein Stressor. Wenn unsere Bewältigungsfähigkeit überfordert wird (bei jedem individuell verschieden), dann erleben wir dies als Stress. So kann durch die vermehrte Arbeitsbelastung ein Burnout entstehen. Erschöpfung ist einerseits ein Ergebnis des Burnouts, andererseits aber auch ein Verstärker. Um nämlich dieselben Aufgaben zu bewältigen, muss sich der Ausgebrannte umso mehr anstrengen und verbraucht (im übertragenen Sinne) mehr Energie, was ihn schneller ausbrennen lässt. Wir haben es mit einem typischen Teufelskreis zu tun. Als Gegenmaßnahme ergibt sich hier die Notwendigkeit, die eigene Belastbarkeit und die Widerstandskraft zu erhöhen (dazu mehr ab S. 56).

Ständige Störungen

Weitere Probleme sind die ständige Erreichbarkeit und das ständige Unterbrochenwerden. Sie kennen das sicherlich: mit mehreren Aufgaben gleichzeitig jonglieren, über Handy, Smart Phone, E-Mail, Internet und Telekonferenz dauernd verfügbar sein. Selbst auf der berühmten einsamen Insel wären Sie nicht mehr sicher, denn es gibt ja schließlich Satellitentelefone. Sich auf eine einzige Aufgabe konzentrieren und sie zu Ende bringen? In unserer sogenannten Wissensgesellschaft ist das fast unmöglich geworden. Viele von uns sind andauernden und zahlreichen Störungen von außen ausgesetzt. Hinzu kommt, dass wir neue Technologien in immer kürzeren Abständen beherrschen müssen. All diese Faktoren sind Stressoren und Risikofaktoren für ein Burnout.

Leitfragen: Ist Ihre Arbeitsbelastung erhöht?

1 Ist Ihre Arbeit in den letzten Jahren komplexer geworden?

2 Hat der Arbeitsumfang zugenommen?

3 Sind die Klienten/Kunden komplizierter und fordernder geworden?

4 Sind in Ihrem Umfeld Stellen abgebaut worden?

5 Hat es viele technische Neuerungen in kurzer Zeit gegeben, die Sie schnell beherrschen mussten?

Was Sie tun können

An den generellen Bedingungen im Arbeitsleben lässt sich oft nur wenig ändern, jedoch an der eigenen Belastbarkeit sowie an der quantitativen Belastung durch die Arbeit schon. Deshalb sollten Sie vor allem an folgenden Punkten ansetzen:

- Erhöhen Sie Ihre eigene Belastbarkeit (siehe ab S. 70).
- Verringern Sie Ihre Arbeitsbelastung durch die Anwendung von geeigneten Zeitmanagement-Techniken (siehe S. 112).
- Lernen Sie, im Unternehmen auf Ihre Arbeitsbelastung hinzuweisen und konstruktive Vorschläge zur Reduzierung zu machen (siehe ab S. 95).

Zu wenig Autonomie

Viele Untersuchungen aus der Arbeits- und Organisationspsychologie haben aufgezeigt, dass die Arbeit umso mehr Spaß macht, je mehr man selbst Einfluss auf sie nehmen kann. Wird man umgekehrt zu sehr reguliert und kontrolliert, wächst die Unzufriedenheit. Es kann sein, dass Ihre Vorgesetzten ein schwaches Führungsverhalten an den Tag legen und Ihnen wenig Freiheiten geben. So kann eine Situation entstehen, in der Sie sich ständig gegängelt fühlen.

Beispiel: Nur noch Vorschriften

Die Bereichsleitung von Frau P. ordnete an, dass die Pflegepläne jetzt wieder mittags geschrieben werden müssten. Dabei hatte man sich doch in der letzten Teamsitzung dagegen entschieden, weil es sich als ineffektiv erwiesen hatte. Frau P. verstand das nicht. Auch war die Vorgesetzte von Frau P. oft nicht da, weil sie in drei Häusern die Leitung hatte. Man konnte sie kaum noch etwas fragen. War sie dann anwesend, forderte sie häufig Belege über alles Mögliche, was eigentlich selbstverständlich war. Andererseits hatte sie manches abgeschafft, was sich in der Vergangenheit bewährt hatte. Für die Heimbewohner blieb jetzt nur noch wenig Zeit. Frau P. musste inzwischen um ein Vielfaches mehr dokumentieren als früher. Ihr Beruf hatte sich sehr verändert.

Einerseits werden Sie vielleicht zu viel kontrolliert durch rigide Vorgaben und Vorgesetzte, andererseits haben Sie auch so etwas wie einen Kontroll- oder Machtverlust, das heißt, Sie können Ihre Situation nur wenig beeinflussen und nur begrenzt mitentscheiden. Auch bei der Teamarbeit kann dies der Fall sein: Wenn ein Team sich beispielsweise erst finden muss oder viele tonangebende oder apathische Mitglieder enthält. Wir haben also einen weiteren Stressor kennengelernt, der zu einem Burnout führen kann: Die fehlende Einflussnahme auf Ihr Arbeitsumfeld, weil Sie zu sehr kontrolliert werden und sich zu wenig einbringen können.

Leitfragen: Zu wenig Autonomie?

1 Erhalten Sie alle Informationen, die Sie benötigen?

2 Können Sie Einfluss auf Entscheidungen nehmen? Oder redet man ihnen überall hinein? Fühlen Sie sich sehr stark kontrolliert?

3 Behindern sich Ihre Teamkollegen gegenseitig?

4 Haben Sie den Eindruck, dass Ihre Vorgesetzten zu streng sind und Ihnen kaum Mitspracherecht einräumen?

Zu wenig Anerkennung

Aus der Motivationsforschung weiß man, dass Menschen bei fehlender Belohnung nur wenig motiviert ihre Arbeit erledigen. Damit ist nicht nur die Bezahlung gemeint, sondern das Gefühl, dass die Arbeit, die man leistet, wertgeschätzt und gewürdigt wird. Arbeit sollte Ihnen die Möglichkeit geben, Fertigkeiten zu entwickeln und zu verbessern, die gut zu Ihren Fähigkeiten passen. Wenn man diese Chance nicht hat, ist man schnell enttäuscht. Hier haben wir es mit einem weiteren Stressor zu tun, der in die Gesamtbilanz einfließt.

Sicherlich muss man nicht ständig gelobt werden. Aber mangelnde Anerkennung, ungerechte Leistungsbewertungen sowie fehlende Aufstiegsmöglichkeiten bremsen eher und tragen nicht zur Zufriedenheit bei.

Beispiel: Alles umsonst?

Herr G. hatte die Abteilung mit aufgebaut. Er war stolz auf alles, was er mit geschaffen hatte. In der Firma war er eine Institution. Nur der neue Vorgesetzte schien das nicht zu merken. Er nörgelte dauernd an ihm herum. Er sei leistungsschwach und nicht innovativ genug. Im Mitarbeitergespräch war man nur die Jahresziele miteinander durchgegangen. Kein nettes Wort, keine Wertschätzung. Herr G. war enttäuscht, denn das Klima hatte sich sehr gewandelt. Auf einmal schien alles, was er mit aufgebaut hatte, nicht mehr gut genug.

Leitfragen: Zu wenig Anerkennung?

1 Empfinden Sie Ihre Bezahlung als schlecht?

2 Sehen Sie in Ihrem Unternehmen keine Entwicklungsmöglichkeiten für sich?

3 Empfinden Sie die Beurteilung Ihrer Leistung als ungerecht?

4 Erhalten Sie von Kollegen und Vorgesetzten zu wenig Anerkennung Ihrer Leistung?

5 Erhalten Sie zu wenig / keine Zusatzleistungen, keine betriebliche Altersversorgung, zu wenige Möglichkeiten der Weiterbildung usw.?

Mangelnde Gemeinschaft

Wir alle kennen die Hochrechnung, dass wir mehr Zeit mit unseren Kollegen verbringen als mit unserer Familie und unseren Freunden. Ein Grund mehr, diesen Aspekt genauer anzuschauen: Wenn die Arbeitsgemeinschaft, in der man sich befindet, abweisend, distanziert oder kalt ist, fühlt man sich nicht wohl. In einem Team, das Probleme hat, in dem die Kollegialität nicht funktioniert, wo Missgunst, Respektlosigkeit und eine beleidigende Atmosphäre herrschen, ist außerdem die Produktivität deutlich gemindert. Die fehlende Kollegialität kann als Bedrohung empfunden werden und somit zu einer Stressreaktion führen.

Beispiel: Jeder für sich allein

Frau B. arbeitet in einem Team, in dem die Arbeit ständig gegeneinander aufgerechnet wird. Frau W. weigert sich etwa, die Aufgaben von Herrn Z. in dessen Abwesenheit zu übernehmen. Frau N. stellt das Telefon häufig durch zu Frau B. und fühlt sich nicht verantwortlich. Frau P. besteht gleichzeitig mit Herrn Z. auf ihrem Urlaub, auch wenn die Abteilung dadurch halbiert ist. Frau G. macht öfter mal ein langes Wochenende, indem sie sich am Freitag krank meldet. Als Frau B. einmal um Hilfe bat, weil ihr Kind erkrankt war, wurde die Hilfe zugesagt – die Arbeit blieb aber liegen.

Eine stabile, angenehme und produktive Gemeinschaft sowie Unterstützung und Vertrauen ermöglichen eine balancierte und ausgeglichene Zusammenarbeit. Nicht umsonst spricht man vom Teamgeist, von der Kollegialität in einer Teamkultur und vom Betriebsfrieden.

Leitfragen: Mangelnde Gemeinschaft?

1 Bestehen an Ihrer Arbeitsstelle verfeindete Lager z. B. zwischen Zweigstellen oder Abteilungen?

2 Gibt es häufig Feindseligkeiten und Konkurrenzkämpfe zwischen Einzelpersonen?

3 Herrscht Misstrauen vor?

4 Passieren häufig Missverständnisse, gehen oft Informationen verloren oder werden unvollständig weitergegeben?

5 Identifizieren Sie und Ihre Kollegen sich nur wenig mit den Unternehmenszielen?

6 Haben Sie oder viele Kollegen innerlich gekündigt?

7 Haben Sie oder Ihre Kollegen auf Dienst nach Vorschrift geschaltet?

Mangelnde Fairness

Alle sind gleich, aber manche sind gleicher? Vielleicht sind Sie auch schon einmal Zeuge von Vetternwirtschaft oder einseitiger Bevorzugung geworden. Oder Sie haben miterlebt, dass ein Mitarbeiter mutwillig ausgegrenzt wurde. Wenn in einem Unternehmen derartige Verhaltensweisen vorherrschen, dann macht sich bei den Mitarbeitern Zynismus breit und es fehlt irgendwann der gegenseitige Respekt füreinander. Solche Teams sind nicht wirklich handlungsfähig und an einem solchen Arbeitsplatz fühlt man sich nicht wohl. Wie werden Sie und Ihre Kollegen behandelt? Einseitige Bevorzugung und ungleiche Arbeitsverteilung verstärken Zynismus und Burnout. Sicherlich, die unterschiedlichen Mitarbeiter haben verschiedene Schwächen und Stärken. Ihr Hintergrund und ihr Werdegang sind unterschiedlich, und ein Arbeitgeber muss dies berücksichtigen. Wenn sich jedoch so etwas wie Geringschätzung oder sogar Diskriminierung der Mitarbeiter bemerkbar macht, dann hat man ein echtes Problem und ein sehr belastetes Betriebsklima. Es spricht nichts dagegen, einzelne Mitarbeiter zu fördern, wenn dies jedoch nicht aufgrund der Leistung, sondern beispielsweise wegen des berühmten Vitamin B erfolgt, dann werden die anderen Mitarbeiter, die sich große Mühe gegeben haben, befremdet und frustriert.

Beispiel: Vitamin B?

Eigentlich sollte Frau R. die Abteilungsleitung erhalten. Man hatte ihr das schon vor Jahren angedeutet. Sie war fachlich und menschlich dafür qualifiziert. Auch wurde sie von ihrem Vorgesetzten protegiert. Deswegen wunderte sie sich, als plötzlich allen Mitarbeitern Frau E. vor die Nase gesetzt wurde. Frau E. war ein Zögling von Abteilungsleiter H. Dieser hatte mehr Einfluss sowie bessere Beziehungen in der Firma und hatte seinen Willen durchgesetzt. Als Konkurrentin hatte Frau R. nun zusätzlich zu der erlittenen Kränkung noch ein schweres Leben unter der Leitung von Frau E.

Hier haben wir einen weiteren Stressor kennengelernt: Fehlende Fairness kann als Erniedrigung interpretiert werden und eine zusätzliche emotionale Belastung darstellen.

Leitfragen: Mangelnde Fairness?

1 Wird allen Mitarbeitern gleiche Beachtung geschenkt?

2 Herrscht höflicher und respektvoller Umgang?

3 Verhalten sich Führungskräfte fair?

4 Sind Aufgaben leistungsgerecht verteilt?

5 Wird auf unterschiedliche Fähigkeiten angemessen eingegangen?

Wertekonflikte

Werte sind das, was uns wichtig ist im Leben. Sie sind unsere Antriebskraft und motivieren uns zu Leistungen. Sie sind so etwas wie Prinzipien, die unserem Leben Sinn geben. Auch für Unternehmen gilt dies: Jede Firma hat sogenannte Leitlinien, die Werte der Firma. Kommt es zu einem Widerspruch zwischen diesen und unseren eigenen Werten, entsteht ein Gewissenskonflikt. Werte müssen jedoch nicht immer von sich aus positiv sein. Das hängt letztlich von der Sichtweise ab: Ein Wert wie Gewinnmaximierung kann schlecht sein für jemanden, der dadurch seine Arbeit verliert, aber gut für die Firma und ihre Aktionäre. Fragen Sie sich: Welche Werte sind Ihnen wichtig? Kann es sein, dass diese in Ihrem Unternehmen ständig verletzt werden? Wenn Sie einen Wertekonflikt bemerken und Ihre Arbeit für banal, sinnlos oder gar schädlich halten, wird sich bald Entfremdung einstellen, eines der drei Leitsymptome des Burnout-Syndroms.

Beispiel: Gegen die Überzeugung

Herr X. arbeitet in einer Bank. Seine Kunden mögen ihn und vertrauen ihm. Vor Kurzem hat die Geschäftsführung entschieden, dass Mitarbeiter in einer Position wie Herr X. ab sofort eine bestimmte Summe an Produkten verkaufen müssen. Einige davon sind hochspekulativ, andere benötigen die Kunden von Herrn X. nicht wirklich, z. B. bestimmte Versicherungen. Die Lage spitzt sich zu, als ein Kunde durch derartige Produkte viel Geld verliert. Herr X. hat erhebliche Gewissensbisse. Die Arbeit, die ihm früher Spaß machte, bereitet ihm jetzt Schlafstörungen.

Weitere Überlegungen können sein: Sind Sie häufig mit Unehrlichkeit konfrontiert? Hat Ihre Arbeit eine destruktive Wirkung auf Ihre Umwelt? Stellt Ihre Abteilung Dinge her, die niemand wirklich benötigt? Auch wenn das Geld stimmt: Haben Sie trotzdem ein schlechtes Gewissen?

Leitfragen: Wertekonflikte?

1. Erscheinen Ihnen die Aktivitäten Ihrer Firma sinnvoll?
2. Trägt Ihre Aufgabe zu einem größeren Ganzen bei?
3. Erscheint Ihnen das Management ehrlich und integer?
4. Erscheinen Ihnen manche Aufgaben (oder Ihr Job) sinnlos und würden Sie gerne etwas anderes machen?
5. Sind einige Unternehmensaktivitäten schädlich für die Gemeinschaft?

Wie wirkt nun aber ein Wertekonflikt als Stressor? Das Stichwort ist unser Gewissen. Wir können einen Verstoß gegen unsere Prinzipien als Bedrohung erleben und mit Stress reagieren. Besonders der ständige Versuch, den Konflikt zu lösen, führt in eine Schleife, weil wir wenig Möglichkeiten haben, auf die Werte eines Unternehmens Einfluss zu nehmen, und daher weiter gegen unsere Interessen handeln. Es entsteht dadurch etwas, was Psychologen „Inkongruenz" nennen oder „zwei Seelen in einer Brust".

Auf einen Blick: Risikofaktoren im Beruf

- Äußere unspezifische Auslöser für ein Burnout (Rahmenbedingungen) sind z. B. Veränderungen in der Arbeitswelt, Globalisierung, unsichere Arbeitsverhältnisse.
- Spezifische externe Auslöser sind erhöhte Arbeitsbelastung und Arbeitsverdichtung, mangelnde Kontrolle und Autonomie, fehlende Anerkennung und fehlende Gemeinschaft im Team und unter Kollegen.
- Ein weiterer Risikofaktor besteht, wenn die Arbeitsverteilung dauerhaft als sehr unfair und nicht leistungsgerecht empfunden wird.
- Weichen die Werte und Maßstäbe des Unternehmens stark von den individuellen Werten einer Person ab und muss sie dadurch ständig gegen ihre eigenen Werte handeln, kann dies ein Burnout begünstigen.

Risikofaktoren in der Persönlichkeit

Meistens spielen bei der Entstehung eines Burnout-Syndroms nicht nur die situationsbedingten Faktoren eine Rolle: Jeder Mensch geht unterschiedlich mit äußeren Stressoren um. Das bedeutet, dass die Auslöser für das Burnout-Syndrom auch in der Persönlichkeit der Betroffenen liegen können.

In diesem Kapitel erfahren Sie,

- wie bestimmte Verhaltensmuster die Entstehung eines Burnouts begünstigen (ab S. 44),
- was uns innerlich antreibt – und warum manche dieser „Antreiber" das Burnout fördern (ab S. 50),
- wie unsere Grundhaltung zur Welt und zum eigenen Leben uns schaden oder schützen kann (ab S. 56),
- was es mit der berühmten Belastbarkeit auf sich hat (ab S. 60),
- warum die Fähigkeit zur Bewältigung von Krisensituationen so wichtig ist (ab S. 63).

Verhaltensmuster

Jeder Mensch hat für ihn typische Gewohnheiten. Wir erkennen Arbeitskollegen und Familienmitglieder an ihren Charaktereigenschaften. Ein Kollege ist vielleicht fleißig, ein anderer schont sich. Wieder jemand anders hat einen Hang zum Perfektionismus oder eine Helfernatur. Wissenschaftler sind sich heute sicher, dass sowohl die Rahmenbedingungen, die in den bisherigen Kapiteln dargestellt wurden, als auch die Persönlichkeitsfaktoren beim Entstehen eines Burnout-Syndroms eine etwa gleich große Rolle spielen. Im Folgenden werden die wichtigsten Persönlichkeitsstile, die mit einem Burnout in Zusammenhang gebracht werden, dargestellt.

Typ-A-Verhalten

Kardiologen weisen schon seit Langem auf den Zusammenhang zwischen hohem Erfolgsstreben und vegetativen Erkrankungen hin. Nach Untersuchungen der Kardiologen Friedmann & Rosenman (1974) ist das Risiko für einen sogenannten Typ A, einen Herzinfarkt zu bekommen, doppelt so hoch wie für andere Menschen. Als Typ A bezeichnen die beiden Kardiologen Personen mit hohen Leistungszielen und Verantwortungsbewusstsein, Konkurrenzdenken, Ungeduld, Perfektionismus und Aggressionsbereitschaft. Hast, Hektik und Ärger kennzeichnen ihr Verhalten. Im Weiteren hat man den Begriff auch im psychologischen Bereich benutzt und ihn auf die sogenannten Arbeitssüchtigen (Workaholics) übertragen. Jemand, der arbeitssüchtig ist, zeigt viele Eigenschaften der Typ-A-Persönlichkeit.

Beispiel: Perfekt und aggressiv

Herr A. war so etwas wie ein Alpha-Tier. Innerhalb kürzester Zeit hatte er sich in der Firma hochgearbeitet. Fachlich kompetent und entscheidungsstark, wurde er von seinen Vorgesetzten sehr geschätzt. Diese hatten schon früh das Führungspotenzial in ihm erkannt. Herr A. musste sich aber auf seinem Weg nach oben auch gegen viele Konkurrenten durchsetzen und er merkte oft nicht, wie er die Gefühle von Kollegen verletzte. Er war der Erste, der morgens kam, und der Letzte, der abends ging. Für Kollegen, die eine Familie und Freizeitinteressen hatten, zeigte er wenig Verständnis. Er war ein Machtmensch. Wer sich ihm widersetzte, wurde abserviert. Es zählte nur Leistung für ihn. Wer schwach war, hatte in der Firma nichts zu suchen. Die Firma sollte expandieren und die Nummer eins auf dem Markt werden. Mit weniger gab sich Herr A. nicht zufrieden.

Zunächst sind Menschen mit diesem Verhaltensmuster erfolgreich, denn sie bekommen für ihre Leistung viel Anerkennung. Durch ihre Kämpfernatur und Ungeduld verursachen sie jedoch auch oft zwischenmenschliche Konflikte und ecken an. Das isoliert sie umso mehr und fördert die Einstellung, alles allein erledigen zu müssen. Wir erinnern uns: Die Menge an Stress, der wir täglich ausgesetzt sind, ist abhängig von der Häufigkeit, der Vielfalt, der Dauer und der Intensität der Stressoren. Hinzu kommt unsere Bewertung einer Stresssituation: Erleben wir eine Situation als bedrohlich, als unsere Kräfte übersteigend oder als zu bewältigen? Typischerweise setzt sich jemand mit einem Typ-A-Verhalten bewusst mehreren Stressoren aus, die an Dauer und Intensität sehr hoch sind: hohe Arbeitsbelastung, mehr Projekte, Meetings, Aufgaben und Außentermine als der Durchschnitt. Dieses „Mehr" an Aufgaben ist meistens in einen sehr eng bemessenen

Zeitrahmen gepresst. Hinzu kommt die falsche Einschätzung einer zu bewältigenden Situation: „Ich schaffe das schon!" Am Ende steht dann das Ungleichgewicht zwischen Anspannung und Entspannung, Aktivität und Ruhe, Stress und Erholung.

Der Leidensdruck bei Typ-A-Menschen ist gering und der Betroffene merkt nichts von seinem Raubbau an sich selbst, der in der fehlenden Regeneration und dem fehlenden Ausgleich besteht. Ein Workaholic definiert sich über seine Arbeit, d.h. es gibt für ihn nichts außer der Arbeit. Das kann man einige Jahre machen (z. B. Unternehmensberater), irgendwann kommt man aber an seine Grenzen. Der typische Arbeitssüchtige sagt sogar, dass er seine Arbeit liebt und der Stress für ihn positiv sei. Erst nach Jahren der Verausgabung, wenn sich Misserfolge häufen, kommt es meist zu einer körperlichen Reaktion, wie z. B. einem Burnout. Bis dahin wurden Signale wie Schlafstörungen, Gereiztheit, Erschöpfung oder funktionelle Beschwerden geflissentlich verdrängt.

> Die zunächst positiven Erfolgserlebnisse – der Aufstieg in der Firma, das Mitgestalten, die neuen Herausforderungen – werden irgendwann zu viel. Das Übermaß, die Arbeitsdichte, der Perfektionismus, das Arbeitspensum und der fehlende Ausgleich machen den Typ-A-Menschen letztlich krank.

Typ-B-Verhalten

Gibt es auch so etwas wie ein Typ-B-Verhalten? Die beiden Kardiologen, die ursprünglich diese Typologie entwickelt haben, sprechen in diesem Fall vom genauen Gegenteil des A-Verhaltens, also weniger Feindseligkeit, weniger Aggressivität, weniger Konkurrenzdenken, dafür mehr Gelassenheit, Ruhe und Entspanntheit. Sind das jetzt die idealen Voraussetzungen, um vor Burnout geschützt zu sein? Im Grunde ja. Nur: Eine ständige Unterforderung und Entspannung führt zu niedriger Effektivität und Produktivität (siehe S. 12). Die extreme Ausprägung eines Typ B, also sehr wenig Engagement, Initiative, Motivation und Ziele, kann zu permanenter Untätigkeit führen – und dies wiederum auf Dauer gesehen zu großer Unzufriedenheit mit dem Beruf und dem Privatleben, aber in der Regel nicht zu Burnout.

Balance zwischen A- und B-Verhalten

Die Ausgewogenheit und Balance zwischen den beiden Extremen ist entscheidend. Was Typ A zu viel hat, hat ein extremer Typ B zu wenig. Der eine kommt nie zur Ruhe, der andere scheut die Anstrengung. Beide haben keine Wahlmöglichkeiten und sind unflexibel auf ein automatisches unbewusstes Programm gestellt, sozusagen auf Autopilot. Wir reden hier natürlich in Stereotypien und Klischees. Es handelt sich dabei nur um Modelle, die Ihnen erste Anhaltspunkte für Ihr eigenes Verhalten geben.

Weitere Typologisierung

Es gibt auch noch andere Typologien, die sich mit dem Phänomen der beruflichen Belastung u. a. bei Lehrern beschäftigt haben. Im deutschen Sprachraum bekannt ist das sogenannte AVEM-Testinventar (Universität Potsdam). Hier werden vier Typen unterschieden:

- Typ G (Gesundheit) zeigt hohes, aber nicht überhöhtes berufliches Engagement und Verausgabungsbereitschaft (Belastbarkeit), bewahrt aufgrund ausreichender Distanzierungsfähigkeit seine Erholungsfähigkeit, legt Wert auf Kollegialität und erlebt beruflichen Erfolg. Dieser Typ ist der Idealtyp, den es anzustreben gilt.
- Der Typ A (Anstrengung) weist – oft verbunden mit perfektionistischer Einstellung – eine überdurchschnittliche Verausgabungsbereitschaft auf und hat seine Erholungsfähigkeit teilweise eingebüßt. Diese Personen neigen zum Einzelkämpfertum, erleben wenig kollegiale Unterstützung und sind vom Verschleiß bedroht. Dieser Typ A entspricht am ehesten dem Typ-A-Verhalten, das wir auf S. 44 kennengelernt haben.
- Typ B (Burnout) hat – bei fortgesetzter Verausgabungsbereitschaft – aufgrund psychophysischer Erschöpfung und eingetretener Resignation seine Effizienz eingebüßt und kann von kollegialer Unterstützung nicht profitieren. Typ B hat nichts mit dem oben beschriebenen Typ-B-Verhalten zu tun.
- Typ S (Schonung) fürchtet beruflichen Verschleiß. Diese Kollegen versehen in der Regel ihren Dienst korrekt, zeigen aber keine darüber hinausgehenden Verausgabungsbereitschaft. Etwas negativer formuliert, zeigen sie reduziertes Engagement.

Bekannt geworden sind diese Typen durch die Freiburger Schulstudie, die von der Psychosomatischen Abteilung der Uniklinik in Freiburg durchgeführt wurde (2004): 63 % der untersuchten Lehrer zeigten eine hohe oder sehr hohe Verausgabungsbereitschaft (Typen G, A und B). Mehr als die Hälfte dieser Gruppe (35 % der Gesamtpopulation) befand sich in einer Burnout-Situation (Typ B) im Sinne einer psychophysischen Erschöpfung. Das stimmt damit überein, dass Lehrer oft überdurchschnittlich von Burnout betroffen sind. Allerdings zeigte auch eine 37 % umfassende Untergruppe von Lehrerinnen und Lehrern – bei in der Regel korrekter Erfüllung des Dienstes – eine gegenüber den anderen zwei Dritteln der Kollegen deutlich verminderte, über das Pflichtpensum nicht hinausgehende Verausgabungsbereitschaft. Stark vereinfacht, gibt es in dieser Studie zwei Drittel überengagierte und ein Drittel sich schonende Lehrer. Hier noch einmal die Merkmale und deren Verteilung im Überblick:

VB = Verausgabungsbereitschaft
OP = Offensive Problembewältigung
DF = Distanzierungsfähigkeit
SU = Erleben sozialer Unterstützung
EE = Erfolgserleben im Beruf
RT = Resignationstendenz

	VB	OP	DF	SU	EE	RT
Typ G 12 %	+	+	+	+ +	+ +	-
Typ A 16 %	++	+/-	- -	- -	+	+
Typ B 35 %	+	- -	- -	- -	- -	++
Typ S 37 %	-	+/-	+ +	+	+	-

Die Antreiber: unsere innere Stimme

Was ist es eigentlich, das jemanden zum Typ A werden lässt? Warum überfordern sich manche Menschen? Sehen wir uns ein Modell der Transaktionsanalyse an: die Antreiber. Bereits in der frühen Kindheit werden wir durch Botschaften und Aufträge unserer Eltern oder anderer Bezugspersonen beeinflusst. Sätze wie „Los, räum dein Zimmer auf!" oder „Ohne Fleiß kein Preis" begleiten uns. Daraus entnehmen wir Botschaften, die unsere Realität prägen. Wir entwickeln so etwas wie eine Leitlinie für unser Leben. Die fünf inneren Antreiber, die von der Transaktionsanalyse beschrieben werden, sind:

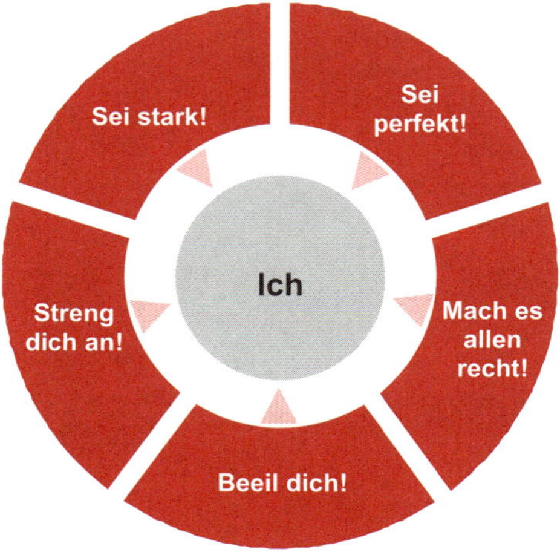

Die fünf Antreiber

Die Antreiber wirken unbewusst, denn wir haben sie so sehr verinnerlicht, dass wir sie gar nicht mehr bemerken. Die Antreiber sind so etwas wie eine Grundhaltung. Die Transaktionsanalytiker sprechen sogar von einem Lebensskript, einer Art Drehbuch für unser Leben.

Natürlich haben die Antreiber nicht nur Nachteile. Hinter jedem von ihnen steckt ein tieferer Sinn, sozusagen eine positive Absicht. Schauen wir sie uns näher an (in Anlehnung an Ian Stewart/Vann Joines 1990):

- **Sei stark!** Der Vorteil dieses Antreibers ist, dass jemand, der diesem Lebensprinzip folgt, verantwortungsvolle Tätigkeiten zugewiesen bekommt. Das Grundbedürfnis hinter dem Antreiber ist der Wunsch nach Sicherheit in sozialen Kontakten. Der Nachteil dieser Grundhaltung ist Selbstüberschätzung und Heldentum um jeden Preis.
- **Sei perfekt!** Die positiven Wirkungen dieses Antreibers sind Genauigkeit und Kompetenz, denn der Grundgedanke ist, sein Wissen und sein Können entsprechend seinen Fähigkeiten zu entfalten. Natürlich wünscht man sich besonders für Aufgaben, die hohe Sorgfalt und Genauigkeit verlangen, Menschen mit dieser Eigenschaft. Erst wenn der Antreiber ins Gegenteil umschlägt und übertrieben wird, kann er für den Betroffenen zum Problem werden. Ein Übererfüller macht am liebsten alles allein und kann nicht delegieren. So eine Haltung führt oft zum Burnout.
- **Mach es allen recht!** Der ursprüngliche Sinn hinter diesem Antreiber ist Liebe und Zugehörigkeit. Und das ist auch schon sein Vorteil: Wer dieser Grundüberzeugung

folgt, ist beliebt und kommt gut an. Im negativen Sinn lässt sich jemand mit dieser Haltung gern ausnutzen, er kann schlecht Nein sagen und sich nicht abgrenzen. Wer diesen Antreiber als Maxime hat, kennt keine eigenen Bedürfnisse bzw. stellt diese immer zurück. Kommt Ihnen das bekannt vor? Alles Eigenschaften, die das Burnout fördern.

- **Beeil dich!** Dieser Antreiber bezweckt im positiven Sinn, die Fülle des Lebens zu erfahren. Er ist charakteristisch für unsere schnelllebige Zeit. Wer Dinge schnell erledigt und rasch Entscheidungen trifft, ist beliebt. Der Nachteil ist Zeitdruck, Hetze und vor allem wenig Zeit für andere und somit wenig soziale Kontakte.
- **Streng dich an!** Der tiefere Sinn hinter diesem Antreiber ist das grundlegende Bedürfnis, etwas zu leisten. Dieser Leitsatz wird zum Problem, wenn sein Anwender nie mit dem Geleisteten zufrieden ist und sich in Dinge verrennt. Charakteristisch ist es, sich zu viel aufzuladen, weil man der Überzeugung folgt, es auf jeden Fall zu versuchen, auch wenn es aussichtslos ist.

Zusammenhang mit Burnout

Nun kennen Sie alle fünf Antreiber. Haben Sie sich wiederentdeckt? Man kann natürlich auch von mehreren Antreibern gleichzeitig beherrscht sein. Aus meiner beruflichen Praxis weiß ich, dass bei vom Burnout betroffenen Menschen die eine oder andere dieser Eigenschaften insgesamt bewirkt,

- sich zu überschätzen,
- perfektionistisch zu sein,

- eigene Interessen zurückzustellen,
- sich nicht abzugrenzen,
- alles unter Zeitdruck zu tun und
- sich mehr aufzuladen, als man bewältigen kann.

Bei wem diese Charaktereigenschaften vorherrschen, der setzt sich eventuell mehr Stressoren aus, als er zu bewältigen in der Lage ist, und er vernachlässigt wahrscheinlich seine Regeneration. Dadurch besteht eine höhere Burnout-Gefahr!

Gegen die Antreiber: Erlaubnisse

Sind wir diesen Antreibern hilflos ausgeliefert? Oder können wir etwas gegen sie tun? Schließlich scheint man sie ja schon in frühester Kindheit verinnerlicht zu haben. Und so tief sitzende Programme soll man einfach verändern können? Ja! Natürlich ist es nicht einfach, gegen starke Gewohnheiten anzugehen, aber wenn man von einem Burnout betroffen ist, hat man sowieso einen Wendepunkt im Leben erreicht, an dem man die Weichen neu stellen muss.

Zu jedem der Antreiber gibt es zum Glück so etwas wie ein Gegenmittel, nämlich die sogenannten Erlaubnisse. Unsere Eltern haben uns ja aller Wahrscheinlichkeit nach nicht immer nur angetrieben, sondern uns auch Dinge erlaubt. Die Erlaubnisse haben Sie höchstwahrscheinlich ebenso verinnerlicht wie die Antreiber. Vielleicht haben Sie sie ja einfach nur vergessen und müssen sich entsprechend an sie erinnern? Lassen Sie uns das nun gemeinsam tun:

Antreiber	Erlaubnis
Sei stark!	**Sei offen und drücke deine Wünsche aus!** Du darfst dir Hilfe holen. Du darfst deine Gefühle haben, sie ausdrücken oder für dich behalten. Du darfst empfänglich sein für Zuwendungen und Konfrontationen.
Sei perfekt!	**Du bist gut genug, so wie du bist!** Du darfst Fehler machen. Du brauchst dich nicht stets zu rechtfertigen. Du darfst mit anderen bei Fehlern nachsichtig sein.
Mach es allen recht!	**Genüge dir selbst!** Nimm deine eigenen Bedürfnisse, Gedanken und Gefühle ernst. Du bist auch dann okay, wenn andere nicht mit dir zufrieden sind. Du darfst die Dinge so anpacken, wie sie dir am meisten liegen.
Beeil dich!	**Nimm dir Zeit!** Du darfst dir die Zeit nehmen, die du brauchst, und deinen eigenen Rhythmus und deine eigene Lebenssituation berücksichtigen.
Streng dich an!	**Bleib entspannt!** Du darfst die Dinge ruhig und mit klarem Blick für das Nötige angehen und entspannt vorausplanen. Du darfst erfolgreich sein und dies auch genießen. Du darfst die Dinge nach deinen eigenen Kräften tun oder lassen.

Gegenmittel täglich einsetzen

Wenn Sie sich bei einem der fünf bevorzugt entdeckt haben, haben Sie Ihren Primärantreiber gefunden. Nehmen wir mal an, dass Sie sich als Perfektionist identifiziert haben, dann schauen Sie jetzt die Erlaubnisse an und gehen folgendermaßen vor: Um sich langsam zu verändern, sollten Sie sich jetzt möglichst immer abends vor dem Einschlafen und morgens direkt nach dem Aufwachen die Erlaubnisse selbst laut vorsagen. Im Lauf des Tages sollten Sie die Erlaubnissätze auch mehrmals wiederholen. Zusätzlich können Sie sich die Sätze (in unserem Beispiel: „Du bist gut genug, so wie du bist!") auf ein Blatt Papier schreiben und an eine Stelle hängen, wo Sie mehrmals am Tag vorbeikommen und den Satz sehen und wahrnehmen.

Welche Antreiber sind wirksam?

Stufen Sie sich jetzt ein: Bewerten Sie anhand einer Skala von 1 bis 4, ob und wie stark die Antreiber bei Ihnen wirksam sind (1 gar nicht, 2 wenig, 3 stark, 4 sehr stark).

Antreiber	1	2	3	4
Sei stark!				
Sei perfekt!				
Mach es allen recht!				
Beeil dich!				
Streng dich an!				

Mangelnde Widerstandsfähigkeit

Auf Seite 9 hatten wir uns mit den Stressoren beschäftigt. Betrachten wir nun ihre Wirkung aus einem anderem Blickwinkel: Wirken sie auf alle Personen gleich stark?

Beispiel: Viel zu tun, aber kein Burnout

Erinnern wir uns an Frau S. aus dem Beispiel am Anfang des Buches (S. 6), die irgendwann unter der Last ihrer Verpflichtungen zusammenbrach. Vergleichen wir sie nun mit Frau K.: Auch diese ist alleinerziehend und berufstätig, Auch sie muss eine kranke Angehörige betreuen. Sie hat also ganz ähnliche Aufgaben zu erfüllen wie Frau S. Dennoch zeigt sie weniger Ermüdungserscheinungen und sie findet auch noch Zeit, Freunde zu treffen. Selbst ihre Arbeit macht sie gern. Ist Frau K. einfach nur belastbarer als Frau S.?

Das Beispiel – auch wenn es stark stilisiert ist – zeigt: Menschen sind in unterschiedlichem Maße stressanfällig und damit belastbar. Die belastbarere Person hat eine niedrigere Erregungsbereitschaft und sie reagiert schwächer und weniger schnell auf Stressoren. Dazu kommt, dass sie sich schneller von der Belastung erholt und sich leichter entspannen kann. Warum ist nun der eine belastbarer als der andere? Seit Langem versucht die Wissenschaft diese Phänomene zu verstehen. Es gibt verlässliche Untersuchungen darüber, dass ca. 30 % aller Menschen selbst nach traumatischen Erlebnissen und trotz starker Dauerbelastung psychisch gesund bleiben und das Leben sogar als positiv und sinnvoll empfinden. Es muss also einen persönlichen Schutzfaktor geben, der uns psychisch stabil hält.

Lassen Sie uns zwei Forschungsgebiete betrachten, die Erklärungen zu unserer Frage liefern, warum sich Frau S. und Frau K. so sehr in ihrer Stressanfälligkeit unterscheiden. Das eine Forschungsgebiet nennt sich Salutogenese oder die Lehre vom Entstehen der Gesundheit. Das andere umfasst die Forschung von der Resilienz, also der Widerstandskraft, über die ein Mensch verfügt.

Was Menschen gesund bleiben lässt

Der Begriff der Salutogenese wurde von Aaron Antonovsky geprägt, einem Medizinsoziologen, der in den 1980er-Jahren israelische Frauen untersuchte, die teilweise in Konzentrationslagern inhaftiert gewesen waren, den Krieg miterlebt hatten und den Verlust vieler Angehöriger bewältigen mussten. Man hätte eigentlich erwartet, dass diese Menschen komplex traumatisiert waren, und doch stellte Antonovsky fest, dass 29 % von ihnen psychisch weitestgehend gesund waren. Der Medizinsoziologe versuchte nun herauszufinden, wie die Erhaltung von Gesundheit funktioniert und welche Schutzfaktoren einem Organismus helfen, schwere Belastungen aufzufangen.

> Wenn wir wissen, wie jemand extremem Stress standhält, können wir das nutzen, um uns gegen Burnout zu schützen, und einen gesundmachenden und gesundheitserhaltenden Lebensstil wählen.

Neu an diesem Ansatz war, nicht nur herauszufinden, was uns krank macht, wie dies in der klassischen Medizin der Begriff der Pathogenese umschreibt, sondern vor allem, was uns hilft, gesund zu leben: deshalb der Name „Salutogenese".

Die Erkenntnisse von Antonovsky wurden zwar in einem besonderen Kontext gewonnen, lassen sich aber auf andere Lebensbereiche übertragen.

Kohärenzsinn

Antonovsky fragte sich, welche Voraussetzungen gegeben sein müssen, dass ein Mensch große Belastungen aushält, ohne Schaden zu nehmen. Er prägte dann als Zusammenfassung seiner Erkenntnisse den Begriff „Kohärenzsinn". Damit meinte er eine positive Grundhaltung gegenüber der Welt und dem eigenen Leben. Dieses Grundvertrauen ist nach seiner Erkenntnis flexibel, aber auch anhaltend. Wer es besitzt, kann sich die Welt auch in schwierigen Momenten erklären und stuft sie damit als weniger bedrohlich ein. Menschen mit dieser Einstellung empfinden das Leben als sinnvoll und als eine Herausforderung, für die es sich lohnt, sich zu engagieren. Auch ist jemand mit dieser Grundstimmung zuversichtlich, alle Anforderungen entweder selbst oder mit der Hilfe anderer bewältigen zu können. Was aber heißt es, das Leben als sinnvoll zu empfinden? Antonovsky fand Folgendes heraus: Als sinnvoll empfinden Personen ihr Leben, wenn sie

- Ziele haben und einer Sache verpflichtet sind,
- einem Wertesystem folgen und durch moralische Prinzipien eine Orientierung haben,
- das Leben als kontrollierbar erleben (hier sind nicht die Kontrollfreaks gemeint, sondern ob man sich selbst als einflussreich und wirksam erlebt),

- sich selbst als wertvoll und wichtig erleben (denn je mehr Selbstwertgefühl jemand hat, desto weniger wichtig sind für ihn äußere Einflüsse – andere Begriffe, die dasselbe beschreiben, sind Optimismus und Selbstvertrauen),
- über Humor verfügen, denn das bedeutet die Fähigkeit, sich zu distanzieren. Humor ermöglicht einen Perspektivenwechsel und relativiert festgefahrene Situationen, mit denen man dann leichter umgehen kann.

Wie entsteht Kohärenzsinn?

Der Kohärenzsinn ist abhängig von unseren Lernerfahrungen, also von dem, was uns unsere Bezugspersonen und unser Umfeld vermittelt haben. Die kohärente Grundhaltung kann aber auch nachträglich erlernt werden. Wer eine negative Grundeinstellung hat, wem also der Kohärenzsinn fehlt, hat nach Antonovsky eine geringere Widerstandsfähigkeit und somit geringere Belastbarkeit. In unserem Zusammenhang heißt dies: Er hat eine höhere Anfälligkeit für chronischen Stress und Burnout.

Erste Orientierung: Wie stark ist Ihr Kohärenzsinn ausgeprägt?

Die folgende Tabelle gibt Ihnen erste Anhaltspunkte dafür, wie stark Ihr Kohärenzsinn ist. Stufen Sie sich jetzt ein: Bewerten Sie anhand einer Skala von 1 bis 4, wie sehr die Aussagen zutreffen (1 gar nicht, 2 wenig, 3 stark, 4 sehr stark).

Kohärenz	1	2	3	4
Ich empfinde mein Leben als sinnvoll und bedeutsam.				
Ich kann mein Leben steuern und kontrollieren.				
Ich verstehe, warum mein Leben so ist, wie es ist.				
Ich habe grundsätzlich eine positive Einstellung zu mir selbst.				
Ich habe grundsätzlich eine positive Einstellung zum Leben.				

Resilienz

Eine weitere Erklärung psychologisch-medizinischer Forschung für den unterschiedlichen Umgang mit schwierigen Situationen ist die Resilienz von Menschen. Der Begriff wurde entwickelt aus Langzeitstudien an Kindern, die in sehr ungünstigen Verhältnissen aufgewachsen sind und dennoch nicht in ihrer Entwicklung beeinträchtigt wurden. So konnten sich z. B. manche Einwandererfamilien in den USA besser entwickeln als andere, obwohl sie schlechtere Ausgangsbedingungen hatten. Ein Beispiel für ein größeres Kollektiv sind die sogenannten Boat People, also Kriegsflüchtlinge aus Vietnam, die relativ schnell in den 1970er- und 1980er-Jahren in Nordamerika Fuß fassten. Untersucht wurde, warum sie dies trotz der schwierigen Ausgangssituation geschafft haben. Später wurde der Begriff auf andere Bereiche übertragen und ähnlich wie Antonovsky beschreiben Resilienzforscher, welche Eigenschaften einer Person helfen (z. B. Anpassungsfähigkeit, Fleiß, Selbstvertrauen), ihre Lebenssituation zu meistern.

Personen mit Resilienz verfügen nach dem Stand der Forschung über folgende Fähigkeiten:

- Einsicht: Suchfragen stellen, ehrliche Antworten geben,
- Unabhängigkeit: das Recht auf sichere Grenzen zwischen sich und anderen,
- Beziehungen: enge und erfüllende Beziehungen suchen und aufrechterhalten,
- Initiative: Probleme aktiv anpacken,
- Kreativität: Frustration oder Schmerz künstlerisch ausdrücken,
- Humor: das Komische im Tragischen finden, über sich selbst lachen,
- Moral: wissen, was gut und schlecht ist, der Wille, für diesen Glauben auch Risiken einzugehen.

Wie entsteht Resilienz?

Man vermutet heute, dass sich Kinder die Fähigkeit zur Resilienz in den ersten zehn Lebensjahren aneignen. Bis zu einem gewissen Grad kann man jedoch auch noch als Erwachsener diese Eigenschaft stärken. Aus Förderprogrammen in Schulen weiß man, dass Kinder und Jugendliche ihre Lernfähigkeit auch nachträglich verbessern können. Durch das Übernehmen von Verantwortung in der Gemeinschaft entwickelten viele Studienteilnehmer nachträglich eine höhere soziale Kompetenz. Überhaupt keine Resilienz gibt es zum Glück nicht. Auch eingeschränktes Selbstvertrauen lässt sich durch therapeutische Maßnahmen wieder gewinnen.

Erste Orientierung: Verfügen Sie über Resilienz?

Stufen Sie sich jetzt ein: Bewerten Sie anhand einer Skala von 1 bis 4, wie stark die Aussagen zutreffen (1 gar nicht, 2 wenig, 3 stark, 4 sehr stark).

Resilienz	1	2	3	4
Bei Stress reagiere ich meistens gelassen.				
Ich vertrage mich gut mit anderen.				
Ich bin neugierig und offen für Neues.				
Ich bin ordentlich und gewissenhaft.				
Ich halte mich für optimistisch.				

Resilienz, Kohärenzsinn und Belastbarkeit

Resiliente Menschen bleiben also trotz Rückschlägen stabil und entwickeln sich weiter. Sie haben gelernt, Konflikte offensiv zu lösen und sich Herausforderungen zu stellen. Sie suchen nicht aktiv Risiken, halten aber bei Lebenskrisen stand. Sie akzeptieren Fehlschläge und Misserfolge und versuchen einen Sinn darin zu erkennen. Auch resiliente Menschen sind keine Heiligen. Sie haben genauso Ängste und Zweifel, lassen sich aber nicht von diesen überwältigen. Dabei hilft ihnen unter anderem der sogenannte Kohärenzsinn, der die Betroffenen – als optimistische Grundhaltung – auf ihre positiven Ressourcen zurückgreifen und immer einen Ausweg finden lässt.

Coping

Während Resilienz und Kohärenzsinn eher bestimmte Fähigkeiten beschreiben, die eine Person belastbarer und widerstandfähiger machen, bezeichnet Coping generell alle Verhaltensweisen einer Person, um eine als schwierig empfundene Lebenssituation zu bewältigen. Also spielen auch mangelnde Coping-Strategien eine Rolle als Risikofaktor beim Burnout-Syndrom. Man kann drei Arten von Coping unterscheiden:

- problemorientiertes Coping, z. B. ein Gespräch mit dem Vorgesetzten suchen, wenn man mit einer Entscheidung nicht einverstanden ist
- emotionales Coping, z. B. Ablenkung oder Gefühlsberuhigung durch einen Spaziergang oder Ähnliches
- ineffektives Coping: Dabei geht die Person der sie belastenden Situation aus dem Weg, verleugnet oder verdrängt sie. Sie wenden es beispielsweise an, wenn Ihr Körper Ihnen Signale sendet, dass er an einer Grenze angekommen ist, Sie jedoch nicht auf ihn hören, sondern über die Signale hinweggehen. Dann haben Sie sich zwar kurzfristig

abgelenkt, aber langfristig ist die eigentliche Ursache des Problems nicht behoben.

Beispiel: Die Prüfung bestehen

Petra und Birgit haben in Kürze eine wichtige Prüfung. Petra bereitet sich gewissenhaft vor, ist aber furchtbar nervös. Zur Beruhigung hört sie Musik und geht spazieren. Trotzdem macht sie sich Gedanken wie: „Hoffentlich geht das gut!" Petra bewältigt die Situation also mit problemorientiertem Coping (in ihrem Fall: Lernen) und emotionalem Coping (Beruhigung durch Musik und Spaziergänge).

Birgit dagegen ist die Ruhe selbst. Sie lernt auf Lücke, wenn sie gerade Lust dazu hat. Sie denkt: „Es wird schon irgendwie klappen, und wenn nicht, ist es auch nicht schlimm". Sie lässt es einfach darauf ankommen – ein Beispiel für ineffektives Coping, denn das Ganze kann auch schief gehen. Wenn Sie diese Strategie ihr ganzes Studium über verfolgt, kann dies im Extremfall zum Abbruch des Studiums führen.

Unsere Coping-Strategien haben wir im Lauf unseres Lebens erlernt. Ähnlich wie bei den Antreibern (die auch zu den Coping-Strategien zählen), wurden sie uns von unseren Bezugspersonen und unserem Umfeld vermittelt. Abhängig von der jeweiligen Situation entscheiden wir uns für emotionale Strategien oder wir handeln direkt (problemorientiert), je nachdem, ob wir uns Chancen ausrechnen.

Emotionales Coping ist nicht besser oder schlechter als problemorientiertes Coping. Und letztlich zeigt sich am Ergebnis, ob wir eine Herausforderung ineffektiv oder effektiv bewältigt haben, egal auf welchem Weg wir dazu gelangt sind.

Zusammenhang mit Burnout

Vielleicht haben Sie sich gefragt, was Ihre Lebenssituation mit amerikanischen Einwanderern oder Flüchtlingsschicksalen zu tun hat. Schließlich wollen Sie ja nur wissen, wie Sie besser mit Ihrer Arbeitsbelastung klarkommen. Nun, die erwähnten Erkenntnisse aus der Resilienz- und Salutogeneseforschung sind übertragbar auf ganz alltägliche Situationen.

Erinnern wir uns an das Stressmodell aus dem ersten Teil des Buches (S. 9): Nehmen wir einmal an, Sie sind einem Stressor ausgesetzt. Dann folgt Ihre primäre Einschätzung der Situation. Sie beurteilen die Bedrohlichkeit der Lage und stellen fest, was da auf Sie zukommt. In einem zweiten Schritt beurteilen Sie Ihre Bewältigungsfähigkeit (z. B. Ihre Coping-Strategie) und Ihre Ressourcen (z. B. Ihren Kohärenzsinn). Sie schätzen ein, ob Sie die Situation in den Griff bekommen können oder ob Sie überfordert sind. Dann entscheiden Sie sich zu handeln und Sie wenden Ihre Coping-Strategie an. Je mehr Bewältigungsfähigkeiten Sie zur Verfügung haben, desto belastbarer sind Sie. Das bedeutet: Wenn ich gute Coping-Strategien (wie wir sie im nächsten Teil des Buches kennenlernen werden) und einen guten Kohärenzsinn habe, dann steigt meine Widerstandskraft und ich kann mich besser vor einem Burnout-Syndrom schützen.

Auf einen Blick: Risikofaktoren in der Persönlichkeit

- Ein Burnout-Syndrom kann durch Persönlichkeitsfaktoren ausgelöst oder aufrechterhalten werden, die meist in Wechselwirkung mit äußeren Stressfaktoren treten.
- Das sogenannte Typ-A-Verhalten unterstützt die Entstehung eines Burnouts. Kennzeichnend für den Typ A ist ein überhöhtes berufliches Engagement. Das Gesundheitsrisiko besteht hier in der Selbstüberforderung.
- Die inneren Antreiber bezeichnen innere Grundhaltungen, die mehr oder weniger von uns bevorzugt werden und nach denen wir uns überwiegend unbewusst richten. Die fünf bekanntesten Antreiber sind: Sei stark! Mach es allen recht! Sei perfekt! Streng dich an! Beeil dich!
- Kohärenzsinn bedeutet unser Vermögen, eine Situation bzw. unser Leben als verstehbar und sinnvoll wahrzunehmen. Er trägt zum Erhalt der Gesundheit bei.
- Resilienz bezeichnet die Widerstandskraft einer Person (physisch, emotional, mental und im Verhalten).
- Coping bezeichnet alle Strategien und Mechanismen einer Person zur Bewältigung einer als schwierig empfundenen Situation.
- Eine ausgewogene Persönlichkeit schützt vor Burnout, genauso wie ein starker Kohärenzsinn und eine hohe Resilienz. Effektive Coping-Strategien lassen sich auch im Nachhinein noch erlernen.

Wie man sich vor dem Ausbrennen schützt

Wer weiß, welche Faktoren bei der Entstehung eines Burnout-Syndroms zusammenwirken, kann sich besser schützen. Denn alle Maßnahmen zur Erhaltung der Gesundheit setzen bei den bisher beschriebenen Risikofaktoren an.

Sie erfahren in diesem Kapitel, wie Sie

- zunächst Abstand zu Ihrer Lebenssituation herstellen und damit die Grundlage für Veränderungen schaffen (ab S. 70),
- Ihre Lebenssituation detailliert betrachten (ab S. 74) und sich konkrete Veränderungsziele setzen (ab S. 80),
- mit Entspannungsübungen und Sport der Burnout-Falle entkommen (ab S. 85),
- Ihre berufliche Situation verbessern (ab S. 94),
- an Ihren Grundhaltungen und Einstellungen arbeiten können (ab S. 103).

Wo stehen Sie – was können Sie tun?

Die folgenden Kapitel stellen Ihnen verschiedene Bewältigungsmaßnahmen vor, um sich vor einem Burnout zu schützen und ihre Resilienz zu verstärken, aber auch um einen Rückfall zu verhindern, wenn Sie schon einmal ein Burnout-Syndrom gehabt haben, sozusagen eine Rückfallprophylaxe. Es ist klar, dass dieser TaschenGuide keine ärztliche oder psychotherapeutische Behandlung ersetzen kann. Dennoch mag er ein erster Anhaltspunkt sein und kann Sie zusätzlich unterstützen, während Sie sich in Behandlung befinden.

So holen Sie sich professionelle Hilfe

Wenn Sie beim Selbsttest am Anfang des Buches eine sehr hohe Punktzahl erreicht haben und vielleicht schon seit längerer Zeit krankgeschrieben sind, dann benötigen Sie Hilfe von außen. Sehr nützlich kann beispielsweise ein Coaching mit einem professionellen Berater sein, der sich schwerpunktmäßig mit diesem Thema beschäftigt. Ihr Hausarzt kann Ihnen dabei helfen, eine Rehabilitationsmaßnahme (Kur) zu beantragen. In einer psychosomatischen Reha-Klinik können Sie regenerieren und werden durch geschulte Teams stabilisiert. Dort lernen Sie auch Entspannungsübungen und werden vorsichtig an ein Sportprogramm herangeführt.

> Trauen Sie sich ruhig, Hilfe von Fachleuten anzunehmen. Damit zeigen Sie keine Schwäche, das ist völlig okay!

Welche Gegenmaßnahmen sind sinnvoll?

Hier ein kurzer Überblick über die Risikofaktoren und die Gegenmaßnahmen, die ich im Folgenden vorstelle:

Hohe Arbeitsbelastung	Belastbarkeit erhöhen durch Fitness, Ausgleich, sozialen Rückhalt Belastung reduzieren: mit Vorgesetzten sprechen, Arbeitszeitmodelle nutzen oder andere Aufgabenbereiche suchen Arbeitsplatz wechseln, ganz aussteigen	**Widerstände einberechnen**
Zu wenig Autonomie	mit Vorgesetzten sprechen Arbeitsplatz wechseln, ganz aussteigen	
Zu wenig Anerkennung	mit Vorgesetzten sprechen Arbeitsplatz wechseln, ganz aussteigen	
Mangelnde Kollegialität	mit Kollegen sprechen, Änderungen anregen Supervision fürs Team anregen	
Mangelnde Fairness	mit Vorgesetzten sprechen Arbeitsplatz wechseln, ganz aussteigen	
Wertekonflikte	Arbeitsplatz wechseln, ganz aussteigen	
Schädigende Verhaltensmuster	Einstellung ändern, Zeitmanagement	
Antreiber	Einstellung ändern	
Zu wenig Widerstandskraft	Belastbarkeit erhöhen durch Fitness, sozialen Rückhalt, Ausgleich, Zeitmanagement	

Abstand schaffen

Ein wesentliches Problem beim Burnout ist das Gefangensein im Hamsterrad, also in Alltagsroutinen zu funktionieren, aus denen man nur schwer ausbrechen kann. Hinzu kommt so etwas wie Betriebsblindheit. Bekanntlich sind wir ja Gewohnheitstiere und können uns nur schwer vorstellen, dass sich überhaupt etwas ändern könnte. Sie haben vielleicht schon gemerkt, dass irgendetwas nicht stimmt, aber Ihnen fehlt noch die Krankheitseinsicht. Oder Sie verdrängen die Symptome und hoffen, dass sie wieder von allein weggehen? Kurz: Sie haben Scheuklappen auf.

Sich Schwäche eingestehen

Der erste Schritt ist also, sich überhaupt einzugestehen, dass man zumindest im Moment (wenn nicht gar schon seit längerer Zeit) einfach überfordert ist. Unser Antreiber „Sei stark" muss jetzt ersetzt werden durch: „Du darfst jetzt auch einmal Schwäche zeigen!" Auch wenn es schwerfällt und Sie vielleicht das letzte Mal als Kind schwach waren, und auch wenn Sie dachten, unverwundbar zu sein und niemals aufgeben wollten, dann ist es jetzt ausnahmsweise an der Zeit, die Vogelperspektive einzunehmen und Abstand zum beruflichen oder privaten Konflikt herzustellen.

Abstand herstellen mit Übungen

Verschiedene Übungen helfen Ihnen dabei, Abstand zu bekommen. Lassen Sie uns zunächst eine Fantasiereise machen:

Übung: Aus der Mars-Perspektive

Stellen Sie sich vor, dass Sie ein Anthropologe vom Mars sind. Auf dem Mars kennt man so etwas wie ein Burnout-Syndrom überhaupt nicht. Sie beobachten die Menschen auf der Erde aus Ihrem Observatorium und wollen sie besser verstehen. Sie haben auch schon verwundert festgestellt, dass viele Menschen auf der Erde sich völlig übernehmen und sich mit mehr Aufgaben überfrachten, als sie eigentlich bewältigen können. Nun beobachten Sie exemplarisch einen einzelnen Menschen, der gerade dieses Buch durcharbeitet. Sie betrachten ihn mit großem Abstand aus der Ferne und Sie machen sich Notizen: Wo wohnt dieser Mensch? Wie sind seine Lebensumstände? Wo verhält er sich widersprüchlich? Wo übernimmt sich dieser Mensch? Wo grenzt er sich zu wenig von anderen ab und lässt sich ausnutzen?

Nach einiger Zeit der Beobachtung müssen Sie vor einem Ältestenrat Ihre Fallbeobachtungen vorstellen und das unverständliche Verhalten dieses Erdenbürgers erklären. Versuchen Sie es den anderen Marsianern zu verdeutlichen, auch wenn Sie es aus marsianischer Perspektive nicht nachvollziehen können: Warum verhalten sich die Menschen wohl so? Was glauben Sie?

Lassen Sie sich für diese Übung Zeit. Sie sollten Sie wirklich einmal ausprobieren und nicht nur lesen. Vielleicht finden Sie diese Übung ja albern oder können wenig damit anfangen? Oder Sie können sich so etwas schlecht vorstellen? Durch die Übung stellen wir etwas her, was Psychologen „Distanzierung" nennen. Das ist der erste Schritt, um sich aus einer Gewohnheit zu befreien.

Hier sind noch zwei Möglichkeiten, wie Sie diese gedankliche Distanzierung herstellen können.

Übung: Einen weit entfernten Standpunkt einnehmen

Sie können sich vorstellen, mit einem Ballon zu fliegen und mit einem Fernglas den Leser dieses Buches zu beobachten. Oder Sie sind Bergsteiger und schauen von einem hohen Berg hinunter ins Tal, wo unser Hauptprotagonist in seinen Alltagsroutinen festsitzt.

Alternativ dazu können Sie sich mit einem sehr guten Freund oder einer sehr guten Freundin treffen und seine bzw. ihre Meinung einholen. Gestehen Sie sich aber vorher ein, dass Sie im Moment auf eine zweite Meinung angewiesen sind von jemandem, der nicht in ihre Alltagsroutinen verwickelt ist und der einigermaßen unparteiisch ist.

Übung: Gespräch mit einem Freund/einer Freundin

Wenn Sie sich mit der Person Ihres Vertrauens treffen, kündigen Sie schon vorher an, dass Sie Hilfe in Form von Beratung benötigen. Bleiben Sie während des ganzen Termins bei der Sache. Schildern Sie Ihre derzeitige Situation und fragen Sie die Vertrauensperson nach ihrer Meinung: „Was würdest du machen?" Hören Sie sich diese Meinung ungefiltert erst einmal an, ohne sich gleich zu rechtfertigen, und schlafen Sie eine Nacht darüber. Überlegen Sie dann, ob die Vorschläge Ihrer Vertrauensperson sinnvoll sind und ob Sie sie umsetzen können. Weicht die Meinung Ihrer Vertrauensperson völlig von dem ab, was Sie bisher geglaubt haben? Dann steckt darin ein wichtiger Hinweis, dass Sie etwas ändern sollten.

Räumlich Abstand schaffen

Die bisher vorgestellten Übungen dienen zunächst der gedanklichen Distanzierung. Es kann aber auch notwendig sein, sich real räumlich zu entfernen. Machen Sie sich nichts vor.

Ein Problem kann nicht auf derselben Ebene gelöst werden, auf der es entstanden ist. Wie wollen Sie ernsthaft eine Veränderung Ihrer Lebenssituation herbeiführen, wenn Sie von allen Seiten bedrängt werden? Normalerweise würden Sie in Urlaub fahren, um Abstand zu gewinnen und sich zu erholen. Wenn Sie jedoch von einem echten Burnout betroffen sind, dann ist Ihnen wahrscheinlich auch die Regenerationsfähigkeit abhanden gekommen. Ein Urlaub oder ein verlängertes Wochenende reichen nicht mehr aus, um sich zu erholen. Im Urlaub setzt man sich außerdem nur ungern mit Problemen auseinander. Wenn Ihre Familie dabei ist, kann es Ihnen passieren, dass Sie froh sind, endlich einmal Zeit für sie zu haben. Also fühlen Sie sich wieder fremdbestimmt. Suchen Sie also Abstand zum Konfliktherd, um, über Ihre derzeitige Lebenssituation nachzudenken und Alternativen zu finden:

- Fahren Sie mindestens über ein Wochenende weg.
- Nutzen Sie die dadurch gewonnene Zeit einzig und allein, um eine Bestandsaufnahme zu machen.
- Vermeiden Sie dabei Ablenkungen, sondern bleiben Sie bei der Sache.
- Während Ihres Retreats arbeiten Sie die folgenden Seiten in diesem Buch durch und machen eine Analyse Ihrer individuellen Stressoren. Dazu fertigen Sie eine Stresskarte zusammen mit einer zeitlichen Übersicht an (siehe ab S. 75). Danach legen Sie für sich Gesundheitsziele fest und Sie machen sich Gedanken, wie Sie Ihre derzeitige Situation verändern können (ab S. 80).

Wenn Sie von Ihrem Rückzugsort zurückkommen, dann sollten Sie mehr Klarheit über Ihre Gesundheitsziele und die Planung der nächsten Monate und Jahre haben. Sie sollten anhand der angefertigten Stresskarte genauer wissen, welche Stressoren Sie eliminieren können und welche schwer beeinflussbar sind. Sie sollten zumindest in Ansätzen eine Strategie entwickelt haben, wie Sie sich vor einem Burnout schützen können.

Eine Kur beantragen

Es gibt nun noch die besondere Situation, dass Sie in derart hohem Maße ausgebrannt sind, dass Sie sich zu einer solchen selbstbestimmten Auszeit nicht mehr in der Lage sehen. Vielleicht sind Sie auch schon seit längerer Zeit von Ihrem Hausarzt deswegen krankgeschrieben? Dann können Sie mit Ihrem Hausarzt zusammen eine Rehabilitationsmaßnahme, auch „Kur" genannt, beantragen. In diesem Fall benötigen Sie so etwas wie eine Zwangspause, um den nötigen Abstand zu erzielen.

Die Situationsanalyse: Energienehmer und Energiegeber

Wenn man sich mit Burnout-Betroffenen unterhält, wird oft die Metapher mit der Batterie gebraucht. Die Personen erzählen, dass ihre Akkus leer seien und sie sie wieder aufladen müssten. Auch wenn es nur eine Umschreibung ist, steckt doch ein Körnchen Wahrheit darin.

> Das Burnout-Syndrom ist ein Ungleichgewicht zwischen Energieabgabe und Energieaufnahme bzw. Energieerzeugung. Stark vereinfacht haben wir es mit einem Ungleichgewicht zwischen Geben und Nehmen zu tun. Jemand mit einem Burnout hat mehr gegeben, als er im Ausgleich wieder zurückbekommen hat.

Daraus ergibt sich auch Ihre nächste Aufgabe. Mittels einer Zeichnung verschaffen Sie sich einen Überblick darüber, welche Personen und/oder Ereignisse Sie Ihrer Meinung nach Kraft und Energie kosten, und als Gegengewicht dazu notieren Sie alles, was Ihnen Ihrer Meinung nach Energie gibt. Sie werden dann eine Gesamtübersicht vor sich haben mit Energiegebern und Energieräubern. Aller Wahrscheinlichkeit nach werden Sie ein Ungleichgewicht bemerken, also ein Übergewicht an Energiefressern und nur wenige Energiequellen. Die Übung dient dazu, sich zu ordnen und zu sortieren und aus dieser strukturierten Übersicht heraus Ziele für Veränderungen abzuleiten.

Eine Stresskarte erstellen

- Nehmen Sie ein Blatt Papier und einen Stift. Zeichnen Sie sich selbst als Kreis in die Mitte.
- Um diese Mitte ordnen Sie nun die einzelnen „guten" und „schlechten" Einflussgrößen (bezeichnen Sie jede nur mit einem Stichwort).
- Die Energieräuber erhalten eine gestrichelte Linie, die Energiegeber eine durchgezogene Linie.

Beispiel für Energiequellen und Energieräuber

Wichtig ist zu differenzieren, was es genau ist, was Ihnen Kraft raubt oder Kraft gibt. Es wäre zu allgemein, z. B. einfach „Arbeit" hinzuschreiben, sondern Sie müssen genau aufdröseln, was an der Arbeit so schwierig ist, also etwa der Zeitdruck, der Vorgesetzte Müller oder die unfaire Arbeitsverteilung. Unter Umständen genügt es auch nicht, einfach nur „Vorgesetzter Müller" zu notieren, sondern was es genau an diesem Menschen ist, was Ihnen die Nerven raubt, also z. B. ungenaue Anweisungen.

Diese Genauigkeit ist wichtig, weil die Übersicht sonst zu unscharf und zu allgemein gehalten ist. Schreiben Sie auch nicht einfach nur „Familie", sondern machen Sie für jeden

Familienangehörigen einen einzelnen Kreis. Wenn Betroffene diese Übersicht anfertigen, dann zeichnen Sie oft Doppellinien, z. B. zu einem Angehörigen. Sie wollen damit ausdrücken, dass sie den Angehörigen zwar einerseits pflegen müssen, was Energie kostet, ihn aber andererseits auch lieb haben und durch die Pflege auch etwas zurückbekommen. Dasselbe gilt für Kinder. Kinder können sehr viel Freude bereiten, aber auch sehr viel Kraft kosten. Das weiß jeder. Wenn Ihr Burnout also eher privater Natur ist und etwa durch verhaltensauffällige Kinder verursacht wird, dann machen Sie eine durchgezogene Linie für die Liebe und Zuneigung für das Kind und eine gestrichelte Linie mit dem Energieräuber also z. B: Drogenkonsum oder ADHS.

Seien Sie ruhig etwas kleinlich. Wenn Sie zu viel aufgeschrieben haben, dann können Sie im Nachhinein immer noch streichen. Nehmen wir etwa das Thema Hausarbeit. Es ist ein Unterschied, ob Sie ein großes Haus mit viel Wohnfläche und einem weitläufigen Garten versorgen müssen oder ob Sie in einer Junggesellenbude hausen.

Am Anfang wird es nur so aus Ihnen heraussprudeln, doch irgendwann wird Ihnen nichts mehr einfallen. Fragen Sie sich dennoch immer wieder, ob Sie etwas vergessen haben. Wenn Ihnen nichts mehr einfällt, sind Sie fertig. Dann haben Sie eine Gesamtübersicht vor sich.

Ein Zeitdiagramm erstellen

Auf einem zweiten Blatt Papier skizzieren Sie nun einen zeitlichen Überblick über signifikante Ereignisse, die mit dem Burnout-Syndrom im Zusammenhang stehen:

- Zeichnen Sie zwei Linien, die eine ist der Zeitstrahl für die berufliche Ereignisse, die andere für die privaten.
- Setzen Sie Anfang und Ende des jeweiligen Zeitstrahls: Das erste Ereignis sollte vor den ersten Symptomen eines Burnouts liegen – markieren Sie es als Strich ganz links. Der Zeitstrahl endet jeweils in der Gegenwart.
- Zwischendrin können Sie Ereignisse eintragen wie Pflege eines Angehörigen, Krankheit, Jobwechsel, Hausbau. Immer wenn Sie denken, dass ein Zusammenhang zum Burnout besteht, erfolgt eine Markierung. Schreiben Sie jeweils das Ereignis mit einem Stichwort und – bei länger andauernden Ereignissen – mit dem Anfangsmonat oder -jahr unter die Markierung, also z. B. die Pflege eines Angehörigen vom Pflegebeginn bis zum Tod. Oder Konflikte mit einem Vorgesetzten: Wann begannen sie, nahmen zu und wurden inakzeptabel? Wann endeten sie, also z. B. mit der Versetzung oder einem Jobwechsel?
- Auf die Zeitlinie kommen nur negative Ereignisse, damit deutlich wird, wie das Burnout-Syndrom entstanden ist. Die positiven Ressourcen kommen auf die Stresskarte.
- Als Nächstes nehmen Sie eine Priorisierung vor, das heißt, Sie vergeben so etwas wie Medaillen für den größten Energieräuber, den zweitgrößten usw. Dieses Ranking zeichnen Sie in Ihre Grafik ein. Auch wenn die Energieräuber nicht mehr existieren, weil z. B. ein Angehöriger nach langer Pflege inzwischen verstorben ist, müssen Sie ihm eventuell doch Platz 1 einräumen, weil er in der Energiebilanz am meisten Kraft gekostet hat.

Die Zeitlinien können z. B. folgendermaßen aussehen:

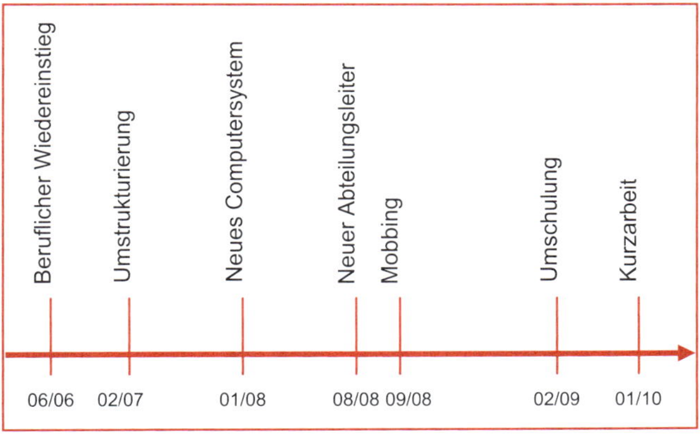

Beispiel für eine Zeitlinie der beruflichen Ereignisse

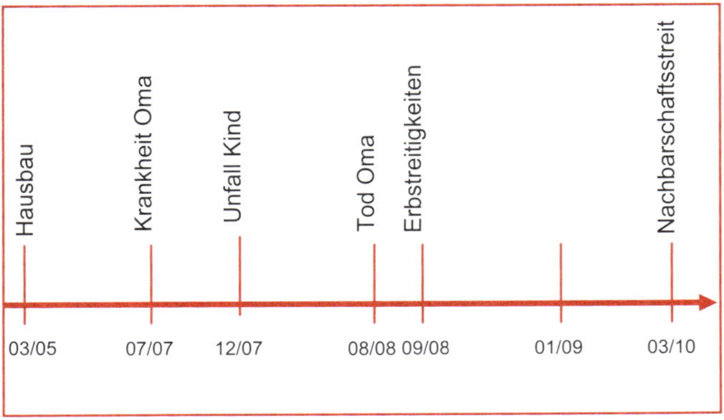

Beispiel für eine Zeitlinie der privaten Ereignisse

Auch bei dieser Übung nützt es nichts, sie lediglich zu verstehen, Sie müssen sie machen! Und dafür brauchen Sie Zeit. Ratsam ist es, die Grafik zu ergänzen oder die Priorisierung zu ändern, nachdem Sie eine Nacht darüber geschlafen haben.

Ihr Ergebnis

Noch einmal zur Verdeutlichung: Die Stresskarte zeigt Ihnen Ihre Energieräuber und Energiequellen mit der Priorisierung. Die Zeitlinie zeigt Ihnen lediglich den zeitlichen Verlauf der Auslöser an. Sie können retrospektiv sichtbar machen, wie sich der Burnout über Monate und Jahre entwickelt und aufgebaut hat. Die Zeitlinie soll Ihnen deutlich machen, wie sich Ereignisse überlappt haben oder zeitlich ungünstig konzentriert lagen. Wenn Sie mögen, dann können Sie auch versuchen, die Zeitlinie unter die Stresskarte zu malen, also alles auf einem Blatt darzustellen. Dazu benötigen Sie aber großes Papier, idealerweise ein Flipchart.

Ziele definieren

Jetzt wissen Sie zwar, was Ihre Energieräuber sind und welche Ereignisse beim Entstehen des Burnout-Syndroms eine Rolle gespielt haben, aber was wollen Sie stattdessen erreichen? Welche Wünsche haben Sie? Was muss sich ändern? Wir kommen also jetzt zum nächsten Teil der Übung, den Zielen, die Sie anstreben.

Beispiel

Nehmen wir an, Sie haben anhand der Grafik festgestellt, dass Ihr Hauptenergieräuber die Pflege der Schwiegermutter ist. Es existieren noch drei andere Geschwister Ihres Partners, die sich vor ihrer Verantwortung drücken. Ein Ziel könnte also sein, die Pflege anders zu organisieren und die Verantwortung neu zu verteilen. Es könnte notwendig sein, einen Familienrat einzuberufen, um dort darzulegen, dass Sie durch die jetzige Pflegeorganisation überfordert sind und das ändern wollen.

Sie werden durch die Priorisierung mehrere Baustellen identifiziert haben. Gehen Sie diese Punkte durch und formulieren Sie zu jedem ein Ziel. Entweder Sie wollen sich zuerst mit dem größten Hindernis auseinandersetzen oder Sie fangen mit etwas Kleinerem an. Viele weniger schwerwiegende Hindernisse aus dem Weg zu räumen, kann vielleicht wieder Kraft und Energie geben, um die großen Energieräuber besser zu verarbeiten. Umgekehrt kann es sehr befreiend sein, ein großes Thema zu bearbeiten, die kleineren Konfliktherde fallen dann nicht mehr so ins Gewicht.

Energiegeber stärken

Sie sollten sich auch Ziele setzen für Ihre Energiegeber (Ressourcen). Stärken Sie diese und geben Sie ihnen wieder mehr Raum. Dadurch stellen Sie die Balance her zwischen Energie geben und Energie erzeugen. Beispielsweise könnten Sie ein altes Hobby wieder aufleben lassen, das Sie in letzter Zeit vernachlässigt haben. Angenommen, Sie haben früher in einem Chor gesungen, dann könnten Sie wieder hingehen und sich dadurch einen Ausgleich bzw. ein Zufriedenheitserlebnis verschaffen.

Ziele richtig formulieren

Wenn Sie sich an einige bewährte Kriterien bei der Formulierung halten, erhöhen Sie Ihre Erfolgsaussichten beim Erreichen Ihrer Ziele. Ziele müssen positiv formuliert sein! Es ist kein Ziel, wenn Sie sagen: „Ich möchte kein Burnout haben", „Ich will die Oma nicht mehr pflegen" oder „Ich will die Arbeit nicht mehr machen". Ziele sollten auch keine Vergleiche enthalten (also nicht: „Ich möchte wieder so sein wie früher" oder „... so glücklich wie XYZ"). Achten Sie genau darauf, dass Sie ein „Hin zum Ziel" formulieren und nicht ein „Weg von etwas".

Beispiele: Positiv formulierte Ziele

Ich werde das Gespräch mit meinem Vorgesetzten suchen und um andere Arbeitszeiten bitten.

Die Pflege von Oma muss anders organisiert werden, und zwar folgendermaßen ...

Ich werde in den nächsten Monaten mehr Regenerationszeiten für mich einplanen und etwas für mich tun.

Sie sollten sich Ihr Ziel gut vorstellen können. Dazu gehört u. a. eine konkrete bildliche Vorstellung davon, was Sie beim Erreichen des Ziels fühlen werden und wie sich Ihre Umwelt verändern wird. Ziele, bei denen Sie denken, „Das geht ja sowieso nicht", brauchen Sie erst gar nicht zu verfolgen. In diesem Fall achten Sie auf Ihre Gegenargumente. Was hält

Sie davon ab, sich dieses Ziel zu setzen? Ist es vielleicht ein Gefühl wie „Ich kann Oma doch nicht im Stich lassen?". Dann wäre das erste Ziel, an Ihrem schlechten Gewissen zu arbeiten. Stellen Sie sich also stets folgende Fragen: Unter welchen Umständen könnte ich es mir denn vorstellen? Was müsste passieren, damit es doch geht? Und was würde passieren, wenn ich es einfach mache? Auf diese Art erfahren Sie viel über Ihre Bedenken. Ihre eigenen Prinzipien und Wertvorstellungen müssen Sie ebenfalls berücksichtigen, sonst werden Sie ein schlechtes Gewissen bei Ihrer Zielerreichung bekommen.

Wichtig ist, dass die Ziele nicht zu groß, aber auch nicht zu klein sind. Das Ziel „Die Erziehung der Kinder muss sich ändern", ist zu allgemein. Das Ziel „Ich werde Dennis nicht mehr am Mittwoch um 14:00 Uhr bei den Mathehausaufgaben helfen", ist zu klein. Ist die Zielgröße zu hochgesteckt, könnten Sie schnell enttäuscht sein. Miniziele sind zwar leichter erreichbar, man bemerkt aber nur wenige Fortschritte. Die Wahrheit liegt also wie immer in der Mitte. Und zu guter Letzt: Ziele müssen von Ihnen selbst erreichbar sein, also unter Ihrer Kontrolle liegen.

Beispiel: Ziele, für die ich selbst verantwortlich bin

Ein Ziel wie: „Der Chef soll sich ändern!" oder „Wenn Opa doch nicht so starrsinnig wäre!", sind keine selbsterreichbaren Ziele, sondern sie sind abhängig von anderen Personen, die Sie nur wenig beeinflussen können. Ein selbsterreichbares Ziel wäre: „Ich will meine Einstellung zu meinem jetzigen Arbeitsplatz ändern" oder „Ich werde mich in Zukunft mehr abgrenzen".

Ein Ziel sollte kontextualisiert sein. Das bedeutet: Definieren Sie, wann, wo und mit welchen beteiligten Personen Sie Ihr Ziel erreichen wollen. Nehmen wir an, Sie kommen zu dem Schluss, dass ein neuer Job gut für Sie wäre. Könnte der dann noch gut zwei Jahre auf sich warten lassen oder muss es sofort sein? Käme für eine neue Stelle jeder andere Ort infrage (also auch ein Umzug)? Soll die Familie dann mitkommen oder wollen Sie pendeln?

Die Vorteile eines Ziels (der Veränderung) müssen die Nachteile überwiegen. Also überprüfen Sie diese: Nehmen wir an, Sie wollen kündigen. Dann bekommen Sie aber vielleicht in kurzer Zeit Geldsorgen. Ist es das wert? Steht in Ihrer Werteskala Gesundheit über Sicherheit? Zeichnen Sie auf einem Blatt Papier einen Strich in der Mitte. Links schreiben Sie alle Vorteile des Ziels hin, rechts alle Nachteile. Schlafen Sie eine Nacht über diese Liste und wägen Sie ab. Wenn die Nachteile deutlich überwiegen, dann müssen Sie das Ziel neu definieren. Das Ziel sollte auf jeden Fall motivierend sein. Sind Sie wirklich an einer Änderung interessiert oder machen Sie es nur, weil Sie von allen möglichen Leuten dazu gedrängt werden?

> Sie sollten sich sicher sein, dass eine Veränderung für Sie selbst wünschenswert und lohnend ist, sonst werden Sie sich nur schwer dazu motivieren.

Erfolgskontrolle und Ressourcen

Ihr Ziel ist jetzt schon sehr differenziert. Folgende Fragen müssen Sie sich außerdem noch stellen:

- Woran werde ich merken, dass ich mein Ziel erreicht habe? Bei dieser Frage geht es um die Erfolgskontrolle. Was sind Ihre Kriterien? Was muss alles erfüllt sein, damit das Ziel erreicht ist?
- Über welche Ressourcen verfügen Sie bereits und welche fehlen Ihnen noch? Ressourcen können aus materiellen Dingen bestehen, beispielsweise einem Auto oder Geld, oder immateriell sein, etwa Fertigkeiten oder emotionale Unterstützung durch Freunde.

Entspannung und Fitness

Kommen wir nun zu einem Punkt, der im Fall eines drohenden Burnouts – unabhängig von Ihren individuellen Zielen – ein obligatorisches Ziel ist. Eine der Erklärungen für die Entstehung von Burnout geht davon aus, dass unrealistisch hohe Ziele trotz ständiger Misserfolge unkorrigiert beibehalten werden. Wer langfristig mehr erreichen will, als es mit seinen zur Verfügung stehenden Kräften und unter den situativen Umständen möglich ist, legt die Basis zur Selbstüberforderung und riskiert damit den Weg in ein Burnout. Es ist also unerlässlich, herunterzukommen und sich zu beruhigen. Es gibt hierfür auch den Begriff des Entschleunigens. Das Oberziel Entspannung und Ruhe gilt hauptsächlich für diejenigen, die immer noch hochtourig fahren können und noch nicht in der völligen Erschöpfung angekommen sind. Noch ist es eine Präventionsmaßnahme. Noch!

Das richtige Maß finden

Wenn Sie schon in dem Stadium sind, wo Sie abends nur noch aufs Sofa wollen und Sie sich auch nach einem langen Urlaub völlig erschöpft fühlen, dann benötigen Sie das, was man im Volksmund „Kondition" nennt. Sie haben wahrscheinlich sehr lange nichts mehr für sich getan (nicht zuletzt natürlich, weil Sie keine Zeit hatten) und müssen sich nun langsam wieder an Themen wie Sport, Bewegung und Ausdauer heranführen. Vielleicht machen Sie aber auch schon viel Sport, um sich auszupowern, und eventuell sind Sie auch kurzfristig danach entspannt.

> Vergessen Sie jedoch nicht die Metapher mit der Batterie und den Akkus. Wer auf ein Burnout zusteuert und extrem Sport betreibt, anstatt sich zu regenerieren, der verbraucht mehr Energie, als ihm guttut, und schraubt sich umso schneller in die Erschöpfung hinein.

Es geht also nicht nur um Bewegung, sondern um die richtige Dosis. Denn wie immer beim Burnout ist die Balance entscheidend. Fragen Sie sich selbst: Übertreibe ich es beim Sport genauso wie auch in anderen Lebensbereichen? Achte ich auf die notwendige Balance zwischen Anspannung und Entspannung? Sollten Sie nun mehr Entspannungstechniken üben oder an Ihrer Kondition arbeiten? Auch hier kommt es auf die richtige Balance an: Mit Entspannungsübungen entwickeln Sie innere Ruhe, mit Sport erhöhen Sie Ihre Kondition und Ausgeglichenheit und verbessern Ihr Selbstwertgefühl. Finden Sie für sich selbst heraus, wie diese beiden Bausteine am besten in Ihr Leben passen.

Entspannungstechniken

Es gibt im Prinzip sechs verschiedene Typen von Entspannungstechniken:

- Autogenes Training nach Schultz,
- Muskelentspannung nach Jacobson,
- asiatische Techniken wie Yoga, Tai-Chi, Qigong,
- (Selbst-)Hypnose,
- (nichtreligiöse) Meditation, z. B. Achtsamkeit,
- Biofeedback.

Die vielen Möglichkeiten der Entspannungstechniken sind zunächst verwirrend und besonders die exotischeren Verfahren erscheinen uns wissenschaftlich orientierten Europäern vielleicht etwas suspekt. Auch der Begriff Hypnose ist mit einem Nimbus umgeben und es gibt Vorbehalte gegen diese Art der Entspannung. Doch wurden all diese Verfahren inzwischen wissenschaftlich gut untersucht und sind über jeden Zweifel erhaben. Die positiven Effekte, die regelmäßiges Üben mit sich bringt, sind ausreichend dokumentiert.

Die Effekte von regelmäßiger Entspannung

- affektive Indifferenz, was nichts anderes als Gelassenheit bedeutet
- mentale Frische
- Erhöhung der Wahrnehmungsschwelle
- Abnahme des Tonus (Spannung) der Skelettmuskulatur

- Abnahme der Reflextätigkeit
- Gefäßerweiterung (dadurch Wärmegefühl)
- Absenken der Pulsfrequenz
- Abnahme des Blutdrucks
- Abnahme der Atemfrequenz
- Gleichmäßigkeit der Atemzyklen
- geringerer Sauerstoffverbrauch
- Zunahme der Hautleitfähigkeit
- Veränderungen der Hirnwellen (EEG)

Genau diese Effekte sind bei jemandem mit Burnout-Syndrom erwünscht: Durch vermehrten Stress reagiert der Organismus mit einer Erhöhung des Sympathikotonus. Das ist der aktivierende Teil des vegetativen Nervensystems. Auf diesem Weg wird das bekannte Adrenalin, das Stresshormon schlechthin, ausgeschüttet. Wenn der Stress anhält und man nicht zwischendurch entspannt, wird als Nächstes über die Nebennierenrinde ein weiteres Stresshormon produziert, das Cortisol. Es regelt u. a. den Blutzuckerspiegel und den Mineraliengehalt im Blut. Unter Stress steigt die Muskelspannung, die Durchblutung der Haut wird gedrosselt, Blutdruck und Herzfrequenz steigen, Darmtätigkeit und Magensaftproduktion werden gehemmt. Ziel aller Entspannungsverfahren ist daher eine Abschwächung des Sympathikus und eine Aktivierung des Parasympathikus. Das ist der „Gegenspieler" innerhalb des vegetativen Nervensystems.

Bei allen Entspannungsverfahren ist wichtig, sie regelmäßig und über längere Zeit zu praktizieren. Wenn man die Übungen nur für kurze Zeit macht, hat man auch nur einen kurzfristigen Entspannungs- und Erholungseffekt. Eine Art Umprogrammierung, also von zu viel Sympathikus zu mehr Parasympathikus, dauert länger, vor allem wenn man lange unter Druck stand und vielen Stressoren ausgesetzt war.

Wie finden Sie eine passende Technik?

Welche Technik für Sie infrage kommt, ist Geschmackssache. Vielleicht sind Sie eher der pragmatische Typ, dann sollten Sie Jacobsons Muskelentspannung ausprobieren. Wenn Ihnen Yoga zu esoterisch ist, mögen Sie vielleicht das Biofeedback. Experimentieren Sie ein wenig! Die Volkshochschulen bieten Einführungskurse in verschiedene Techniken an, auch Bücher und CDs sind zumindest fürs erste Kennenlernen einer Richtung geeignet. Wenn Sie sich entschieden haben, eine Technik zu erlernen, sollte Sie auf jeden Fall einen Kurs machen oder sich einen Lehrer suchen.

Zum Ausprobieren: Entspannungsübung

Exemplarisch stelle ich hier eine Entspannungsübung vor, die Sie einmal für sich selbst ausprobieren können. Sie stammt aus dem Bereich der Selbsthypnose. Durch die regelmäßige Übung können Sie sich in einen leichten Entspannungszustand bringen, in dem Sie für einen kurzen Moment die Alltagssorgen hinter sich lassen. Stellen Sie vorab sicher, dass Sie nicht unterbrochen oder gestört werden.

Übung: Einfach entspannen

Setzen Sie sich bequem hin und spüren Sie, wo Sie sitzen. Nehmen Sie Kontakt auf mit der Sitzgelegenheit. Spüren Sie den Kontakt der Arme mit der Unterlage, den Kontakt des Rückens mit der Lehne.

Konzentrieren Sie sich dann auf Ihren Atem. Nehmen Sie sich für jeden einzelnen Schritt Zeit. Die Aufmerksamkeit richtet sich jetzt langsam immer mehr nach innen. Machen Sie bewusst mehrere Atemzüge. Spüren Sie, wie sich Ihre Bauchdecke mit der Einatmung hebt und mit der Ausatmung senkt. Vielleicht möchten Sie inzwischen auch die Augen schließen.

Stellen Sie sich vor, dass Sie mit jeder Einatmung etwas Gutes, etwas Kraftgebendes, etwas Unterstützendes aufnehmen. Stellen Sie sich umgekehrt vor, dass Sie mit jeder Ausatmung Anspannung, Stress und Druck weggeben und tiefer in den Stuhl sinken.

Die Anspannung verlässt Sie mehr und mehr mit jedem Atemzug und fließt von Ihnen ab. Die Anspannung fließt irgendwohin ins Universum, wo sie sich auflöst.

Ihr ganzer Körper wird jetzt ruhiger, und langsam entwickelt sich ein Gefühl des Gleichmuts. Ihr Körper ist jetzt gut aufgehoben, und in Gedanken können Sie vielleicht an einen anderen Ort gehen, wo es Ihnen sehr gut geht. Ein Ort, den Sie kennen, oder ein Ort Ihrer Fantasie. Dort dürfen Sie eine Weile bleiben und genießen, bevor Sie irgendwann, wenn es Zeit ist, in diesen Stuhl zurückkehren.

Sie können diese Übung unterschiedlich durchführen:

- Sie lesen den Text mehrfach und machen sich Stichworte, bis Sie den Ablauf im Kopf haben.
- Sie sprechen den Text ruhig und langsam, mit vielen Pausen, auf ein Diktiergerät und hören ihn zum Üben an.
- Sie lassen sich den Text von jemandem vorlesen.

Irgendwann haben Sie die Übung verinnerlicht. Dann können Sie den Ruhezustand jederzeit relativ schnell hervorrufen. Wichtig ist das regelmäßige Üben. Die Entspannungseffekte setzen nicht sofort ein. Gerade wenn Sie monatelang unter Strom gestanden haben, dann müssen Sie sich erst wieder an Ruhe und Stille gewöhnen. Das wird Ihnen nicht unbedingt leichtfallen und Sie werden Geduld benötigen!

Fitness

Aus der Depressionsforschung weiß man, dass regelmäßige Bewegung die Stimmung aufhellt. Man vermutet einerseits die Wirkung von Endorphinen, das sind körpereigene „Glückshormone", die bei vermehrtem Ausdauersport produziert werden, sowie eine Veränderung der Neurotransmitter, also der Substanzen, die die Hirnaktivität steuern. Insbesondere das Serotonin, welches bei Depressionen weniger verstoffwechselt wird, entsteht offenbar beim Sport vermehrt. Hierauf weisen erste Experimente mit Mäusen hin. Interessanterweise wird durch Ausdauersport auch der Sympathikotonus gesenkt, ähnlich wie bei Entspannungsverfahren. Regelmäßige Bewegung erhöht außerdem unsere Lebenserwartung, senkt das Krebsrisiko, stärkt das Herz-Kreislauf-System und beugt Erkrankungen des Bewegungs- und Stützapparates (z. B. Osteoporose) vor. Durch regelmäßigen Sport verbessern wir also nicht nur unsere Belastbarkeit, sondern auch unsere Stimmung. Das hat insofern eine Bedeutung, weil ein Burnout-Syndrom oft negative Gefühlszustände auslöst, die einer Depression ähnlich sind. Folgende Effekte sind nach regelmäßigem Ausdauersport beobachtet worden:

Die Effekte von regelmäßigem Ausdauersport

- Reduktion von Spannungs- und Stressempfindungen
- Verringerung von Ängstlichkeit und Depressivität
- verbesserte Konzentrationsfähigkeit
- veränderte Wahrnehmung von Beschwerden durch eine verfeinerte Körperwahrnehmung
- gesteigertes Selbstwertgefühl: „Ich habe etwas geschafft"
- positiveres Körpergefühl durch mehr Beweglichkeit, Gewandtheit und ein schnelleres Reaktionsvermögen

So fangen Sie an

Lassen Sie sich von Ihrem Hausarzt durchchecken und besprechen Sie mit ihm, ob etwas gegen bestimmte Sportarten spricht. Dann fangen Sie langsam an, insbesondere wenn Sie längere Zeit keinen Sport mehr gemacht haben. Selbst wenn Sie zunächst nur regelmäßig spazieren gehen, ist das schon ein erster Schritt. Vielleicht kommt ja eine Freundin oder ein Freund mit? Zusammen motiviert man sich leichter und findet weniger Ausreden. Wenn Sie sich so erschöpft fühlen, dass Sie sich kaum dazu in der Lage sehen, Sport zu treiben, sollten Sie zunächst die Stressanalyse machen (siehe S. 74) und Ihr Leben neu sortieren. Wahrscheinlich müssen Sie sich erst Freiräume schaffen. Sie können auch nur mit einer Entspannungstechnik einsteigen und den Sport dann später angehen. Bei schweren Erschöpfungszuständen sollten Sie erst in einer Reha-Klinik im Rahmen einer Kur mit einem aufbauenden Sportprogramm anfangen.

> Die Hauptsache beim Thema Fitness ist, dass Sie aus Ihrer Versenkung heraus und wieder in Gang kommen.

Welcher Sport und wie oft?

Welchen Sport Sie machen, das ist Geschmackssache. Wählen Sie möglichst eine Ausdauersportart, z. B. Schwimmen oder Walking. Die Sportart soll Ihnen in erster Linie Spaß machen. Nur weil viele joggen, ist das noch lange nicht der richtige Sport für Sie. Gibt es einen Sport, den Sie schon immer ausprobieren wollten? Machen Sie es sich einfach: Wenn Sie eine Stunde fahren müssen, um Ihren Sport auszuüben, dann sinkt schnell die Motivation. Achten Sie auch darauf, dass Sie nicht übersteigert leistungsorientiert sind und gleich den nächsten Marathon mitlaufen wollen. Sport soll dem Ausgleich dienen und nicht das Burnout beschleunigen! Als Faustregel gilt, zwei- bis dreimal pro Woche Sport zu machen. Das wäre aber der Idealfall und ist schwer umsetzbar. Für den Anfang genügt es, wenn Sie einmal in der Woche ein Entspannungsverfahren üben und einmal in der Woche Sport treiben.

Sie haben keine Zeit?

Zunächst müssen Sie sich natürlich Freiräume schaffen. Denken wir an die alleinerziehende Mutter oder jemand mit einem pflegebedürftigen Angehörigen. Mindestens einmal in der Woche sollten Sie Ihre Aufgaben für ein paar Stunden abgeben können, um etwas für sich zu tun. Das müssen Sie entsprechend organisieren – und das wird Ihnen niemand abnehmen. Ob Sie dann zum Sport gehen oder zum Chor oder sich lieber mit Freunden treffen, ist Ihnen überlassen. Vielleicht sind Sie ja sogar ein erklärter Sportmuffel, dann machen sportliche Aktivitäten nicht viel Sinn. Gehen Sie dann wenigstens etwas spazieren. Anders ist es, wenn Sie sich früher gern bewegt haben und es dann irgendwann vernachlässigt haben. Dann geht es sozusagen um das Wiederentdecken des Sports.

Die berufliche Situation klären

Wenn Ihr Burnout überwiegend situationsbedingt ist, haben Sie im Prinzip drei Optionen, die zugleich die drei grundlegenden Reaktionsmöglichkeiten auf Stressoren sind:

Reaktionsmöglichkeiten auf Stressoren	
Take it: Nimm es, wie es ist!	Wenn wir uns in einer Stresssituation befinden, überlegen wir zunächst, ob die Situation annehmbar und erträglich ist. Wenn ja, entscheiden wir uns fürs Aushalten – was Tolerieren oder Resignieren bedeuten kann.
Change it: Verändere etwas daran!	Wenn wir der Meinung sind, dass die Situation nicht erträglich ist, dann überprüfen wir unsere Bewältigungsfähigkeit. Wenn wir annehmen, dass wir die Situation bewältigen können, versuchen wir, die Situation zu beeinflussen oder zu kontrollieren.
Leave it: Steig aus!	Wenn wir eine Situation so einschätzen, dass wir sie als nicht annehmbar bewerten, aber

eine Beeinflussung nicht möglich scheint, folgt Resignation. Im günstigsten Fall folgt auf die Resignation ein „Leave it", also Aussteigen aus der Situation. Wenn wir gezwungen sind, in der Situation vorübergehend zu verbleiben, mangels Alternative (weil wir z. B. keinen neuen Job finden), bleibt nur noch Tolerieren, was letztendlich auf „Take it" hinausläuft.

In den Kapiteln zu Entspannung und Fitness (S. 85), Ausgleich (S. 107) und sozialem Rückhalt (S. 111) finden Sie Anregungen, wie Sie Ihre Take-it-Bereitschaft, nämlich Ihre Belastbarkeit, erhöhen können.

Belastungen reduzieren und Zufriedenheit erhöhen

Wenn Sie sich dafür entscheiden, an Ihrem jetzigen Arbeitsplatz zu bleiben, können Sie Alternativen innerhalb des Systems suchen, also die Belastungen reduzieren. Im Folgenden gebe ich Ihnen dazu einige Anregungen.

Arbeitsbelastung verringern

Die Arbeitslast des Einzelnen verringert sich z. B. durch zusätzliches Personal, Schichtverkürzungen oder längere Arbeitspausen, Teilzeitarbeit, Stellenrotation, Sonderurlaube (Sabbatical) oder Altersteilzeitregelungen. Es ist klar, dass Sie darüber mit Ihren Vorgesetzten verhandeln müssen. Sie werden vermutlich auf Widerstand stoßen, vor allem wenn Sie den Wunsch nach zusätzlichem Personal äußern. Aber ohne Hinweise aus ihrer Abteilung kann eine Leitung nicht handeln. Folgendes sollten Sie deshalb beachten:

- Bereiten Sie sich auf ein derartiges Gespräch intensiv vor: Sie sollten gute Argumente vorbringen, warum eine Umverteilung der Arbeit wichtig ist und/oder eine Erhöhung der Mittel für Ihre Abteilung notwendig erscheint. Und Sie sollten von sich aus Alternativen anbieten.
- Sie werden dafür Verbündete benötigen. Sie müssen u. a. dafür werben, dass möglichst viele Mitarbeiter geschult werden und zusätzliche Fähigkeiten entwickeln, um sich gegenseitig zu entlasten.
- Testen Sie vorher auch die Stimmung der Kollegen. Sehen die anderen Mitarbeiter Ihres Teams die Lage genauso, oder bekommen Sie durch Ihr Verhalten schnell den Ruf eines Schwächlings, der wenig belastbar ist?
- Überlegen Sie zusätzlich, mit welchen systemischen Auswirkungen in Ihrer Firma zu rechnen ist. Was würde passieren, wenn Ihre Abteilung scheinbare Vorteile gegenüber anderen Abteilungen hätte? Riefe das zusätzlichen Widerstand hervor?

Wenn Ihr Anliegen auf taube Ohren stößt und niemand bereit ist, mit Ihnen über eine Reduzierung der Arbeitsbelastung zu verhandeln, dann müssen Sie im Interesse Ihrer Gesundheit darüber nachdenken, ob dieser Arbeitsplatz überhaupt geeignet für Sie ist oder ob man dort nur die Mitarbeiter verheizt (siehe Kapitel „Über ein Ausstiegsszenario nachdenken", S. 99) und daraus Konsequenzen ziehen.

Gemeinschaft

Wenn sich Ihr Team durch mangelnde Kollegialität selbst blockiert, regen Sie die Kommunikation an. Eine konstruktive Teamkultur zu schaffen, ist ein langer Weg, und Sie müssen mit Widerständen rechnen. Natürlich kann man niemanden zur Gemeinschaft zwingen. Wir kennen alle die Redewendung, dass man nicht sämtliche Arbeitskollegen lieben muss, um effektiv zu arbeiten. Und umgekehrt muss man nicht von allen geliebt werden, denn insbesondere Führungskräfte müssen auch unbequeme Sachverhalte vermitteln und durchsetzen. Übrigens gibt es hier viele Parallelen zum Privatleben. Ein Team ist im Prinzip wie eine Familie. Wenn Sie einen privaten Burnout haben, weil Sie z. B. einen Angehörigen pflegen müssen und Ihnen niemand Ihrer Geschwister oder sonst jemand aus der Familie hilft, dann müssen Sie eine Art Familienrat einberufen und klarmachen, dass Ihre Angehörigen Sie unterstützen sollen.

Folgende Maßnahmen können das Team unterstützen:

- Nutzen Sie jede Möglichkeit, um sich auszutauschen, und setzen Sie Besprechungen dazu ein, um zwischen gegensätzliche Meinungen zu vermitteln. Eventuell ist eine Supervision des Teams hilfreich.
- Bei entzweiten Teams bietet es sich an, ein Gemeinschaftsprojekt anzustoßen. Für Unhöflichkeit und unkollegialen Umgang sollte es eine Null-Toleranz-Maxime geben. Im schlimmsten Fall müssen professionelle Mediatoren eingeschaltet werden. Spätestens dann sollten Personalabteilung, Leitung und Betriebsrat mitwirken.

- Bieten Sie Kollegen Ihre Unterstützung an und bitten Sie auch selbst um Unterstützung. Zeigen Sie sich als Teamplayer, das kann wie ein Katalysator auf Ihre Kollegen wirken.
- Neue Kollegen müssen in ein Team eingeführt werden.
- Öffnen Sie sich für andere Abteilungen. Ein viel strapaziertes Wort in diesem Zusammenhang ist das „Netzwerk". Interessieren Sie sich dafür, was sonst noch so im Unternehmen vor sich geht. Schauen Sie ruhig über den Gartenzaun hinaus. Suchen Sie gezielt den Kontakt, auch wenn es nur per E-Mail geschieht oder beim Mittagessen in der Kantine.
- Das gemeinsame Betriebsfest und die Betriebssportgruppe mag belächelt werden. Dennoch sind solche Einrichtungen dem Gemeinschaftssinn förderlich.

Anerkennung

Ein wichtiger Punkt der Arbeitszufriedenheit ist die Belohnung und die Anerkennung des Geleisteten. Ein Ziel könnte es sein, mehr Gehalt oder andere Vergünstigungen auszuhandeln. Sollte das nicht gehen, wäre eine Alternative, zusätzlich als Freiberufler ein zweites Standbein aufzubauen (siehe „Ausstiegsszenario", S. 99).

Um anerkannt zu werden, müssen Ihre Leistungen auch wahrgenommen werden. Mitarbeitergespräche sind hierfür ein guter Zeitpunkt. Versuchen Sie bei dieser Gelegenheit auch, bessere und interessantere Aufgaben auszuhandeln. Vielleicht gelingt es Ihnen sogar, Ihre bevorzugten Aufgaben zu erweitern oder auszubauen? Auch Weiterbildungsmaßnahmen können Sie hier voranbringen.

Wenn Sie schon niemand würdigt, belohnen Sie sich wenigstens selbst einmal. Das stärkt Ihr Selbstwertgefühl. Schenken Sie auch Ihren Kollegen ehrliche Anerkennung. Wie man in den Wald hineinruft, so schallt es heraus.

Über ein Ausstiegsszenario nachdenken

Vielleicht ist Ihre berufliche Situation so schwierig, dass Sie komplett aus ihr aussteigen sollten? Diese Frage muss erlaubt sein, weil Sie sonst eventuell Ihre Gesundheit ruinieren. Lassen wir also für einen Moment einmal diese kritische Frage zu (auch wenn es nicht leichtfällt):

Was kostet es mich, wenn ich weitermache wie bisher?

- Emotional?
- Körperlich?
- Geistig?
- Finanziell?
- In Bezug auf mein Umfeld (Familie)?
- Bin ich bereit, diesen Preis zu bezahlen?
- Wo werde ich in einem Jahr und in fünf Jahren stehen, wenn alles unverändert so weitergeht wie bisher?

Stellen Sie sich diese Fragen in Ruhe und nehmen Sie sich Zeit. Sie müssen Sie nicht sofort und auf einmal beantworten. Sie können auch eine Nacht darüber schlafen. Wichtig ist nur, dass Sie sich diese kritischen Fragen erlauben.

Intern wechseln

Ein Ausstiegsszenario kann verschiedene Varianten beinhalten, die erste: Wie sind Ihre Wechselmöglichkeiten innerhalb der Firma? Wenn Sie in einer großen Firma mit vielen Filialen arbeiten: Können Sie sich eventuell versetzen lassen? Kennen Sie Kollegen, die das schon mit Erfolg gemacht haben? Wie lange dauert es im Schnitt zwischen einem Versetzungsantrag und dem endgültigen Wechsel? Sind zurzeit innerbetrieblich Stellen ausgeschrieben, auf die Sie sich bewerben können? Sie können auch versuchen, innerhalb der Hierarchie aufzusteigen, was aber vermutlich mehr Verantwortung bedeutet. Wollen Sie das? Zumindest würde sich das Aufgabenprofil ändern.

Extern wechseln

Wenn es keine internen Wechselmöglichkeiten gibt und Ihre Firma klein ist, gibt es die Variante, zunächst einmal Ihren Marktwert zu testen. Wie wäre es, wenn Sie sich einfach mal ein Zwischenzeugnis ausstellen ließen und 50 Initiativbewerbungen rausschickten? Wenn Sie sich dann vor Jobangeboten nicht mehr retten können, umso besser. Wenn Ihre Bewerbungen noch nicht einmal zu einem Vorstellungsgespräch führen und Sie in einer sogenannten strukturschwachen Region leben, wo es nur wenige Jobs gibt, dann müssen Sie natürlich die Sicherheitsaspekte Ihrer jetzigen Stellung noch einmal abwägen. Wenn Sie jung sind und ungebunden, überlegen Sie, ob Sie bereit sind, innerhalb des deutschsprachigen Raums umzuziehen. Mit guten Fremdsprachenkenntnissen kommt sogar ein Job im Ausland infrage.

Bringt Sie ein Ausstieg wirklich ans Ziel?

Eine Frage taucht in diesem Zusammenhang immer wieder auf: Vielleicht überlegen Sie sich, dass durch einen Wechsel nicht unbedingt etwas besser wird. Denn: Ist es auf dem heutigen Arbeitsmarkt nicht überall gleich schlimm? Ist es nicht vielleicht an einem anderen Arbeitsplatz sogar noch schlimmer? An seinem jetzigen Arbeitsplatz kennt man wenigstens die Gegebenheiten und kann sich darauf einstellen. In einem neuen Job muss man wieder von vorn anfangen, und es fallen auch viele Vergünstigungen weg, die man sich im Lauf der Jahre erworben hat. Außerdem eilt einem doch der Ruf voraus, oder? Wenn man in einer Abteilung eine scheinbar schlechte Leistung erbracht hat, dann will einen die andere Abteilung doch nicht haben, oder? All das sind typische Sicherheitsüberlegungen und zum Teil berechtigte Fragen. Demgegenüber steht Ihre Gesundheit. Diese Aspekte sollten Sie abwägen, um zu einer Lösung zu gelangen.

Besser wechseln, als die Gesundheit zu riskieren

Sie denken an den Ausstieg ja nur, wenn Sie sicher sind, dass alle anderen Optionen für Sie nicht infrage kommen, wenn Sie mit dem Rücken an der Wand stehen. Sie müssen dann davon ausgehen, dass es woanders besser ist. Und Sie müssen es zumindest versucht haben, sonst wird die Haltung „Überall ist es gleich schlimm" zu einer Schutzbehauptung, um Veränderungen zu vermeiden. Selbst wenn es so wäre, würden immerhin noch Nuancen bestehen zwischen „ganz schlimm" und „ein bisschen schlimm". Ich muss auch entschieden widersprechen, wenn man alle Betriebe einer Branche über einen Kamm schert. Es gibt durchaus Firmen, in denen ein gutes Betriebsklima herrscht und wo man verantwortlich mit Personalressourcen umgeht. Es ist richtig, dass man sich selbst überallhin mitnimmt. Wenn Ihr Burnout eher durch Persönlichkeitsfaktoren bedingt ist, kann es Ihnen an der nächsten Stelle wieder passieren, dass Sie die Signale nicht rechtzeitig erkennen. In diesem Fall hilft eher die Einstellungsänderung (siehe S. 103). Andererseits haben Sie hoffentlich aus Ihren Erfahrungen gelernt und steuern das nächste Mal schneller gegen.

Altersteilzeit

Etwas anderes ist es, wenn Sie schon am Ende Ihrer beruflichen Laufbahn stehen: Dann sollten Sie sich darüber informieren, ob es Möglichkeiten zur Altersteilzeit gibt, wann Sie frühestens in den Ruhestand gehen können und wie viel Abzüge Sie hätten. Rechnen Sie genau aus, ob Sie mit Ihrem Gesparten, Lebensversicherungen, betrieblicher Altersvorsorge usw. eventuell schon früher über die Runden kämen. An dieser Stelle setzt bei vielen der Verstand aus und man sieht sich schon unter der Brücke. Vermeiden Sie negatives Denken! Informieren Sie sich besser bei Ihrer Rentenversicherung und bei entsprechenden Sozialverbänden. Erst wenn Sie alle Informationen beisammen haben, können Sie Ihre Lage vernünftig einschätzen. Im TaschenGuide „Eher in Rente" finden Sie alle Informationen über die nötigen Voraussetzungen.

Nehmen Sie sich Zeit

Wenn Sie alle Vor- und Nachteile abgewogen haben, überlegen Sie, ob ein Ausstieg mit Einschränkungen nicht mehr wert ist als eine ruinierte Gesundheit.

> Überlegungen zum Ausstieg sind sehr essenziell. Nehmen Sie sich dafür Zeit und sprechen Sie auch mit Ihren Angehörigen darüber. Lassen Sie sich gut beraten und brechen Sie die Entscheidung nicht übers Knie.

Die Einstellung ändern

Im Kapitel über die Antreiber (S. 50) haben wir gesehen, wie man mit Erlaubnissen eine gelassenere Haltung einnimmt. Viele Probleme entstehen dadurch, dass wir nicht akzeptieren wollen, dass etwas so ist, wie es ist. Wir sind es gewohnt, ständig einzugreifen und Situationen zu kontrollieren. Wenn etwas nicht so läuft, wie wir das gerne möchten, dann sind wir oft über lange Zeit erzürnt.

Gelassenheit lernen

Auch wenn es nur ein kleineres Hilfsmittel auf dem Weg aus dem Burnout ist, so ist es dennoch ein wesentliches: Versuchen Sie, eine Haltung der Gelassenheit zu entwickeln.

Beispiel: Mit den Kindern wachsen

Auf Postkarten und witzigen Schildern in Souvenirläden kann man oft Sprüche lesen wie: „Wir sind Eltern, uns kann nichts mehr beunruhigen". Darin liegt ein Körnchen Wahrheit. Bei Kindern versucht man anfangs ständig, alles zu kontrollieren. Trotzdem machen die lieben Kleinen, was sie wollen. Und trotz aller Widrigkeiten werden sie später doch irgendwie zu patenten Menschen. Irgendwann erreicht man einen Punkt, den man Gleichmut nennen könnte. Eltern wissen, dass man beim zweiten Kind schon lange nicht mehr so zwanghaft reagiert und wesentlich lockerer ist als beim ersten.

Worauf ich hinaus will, ist der Begriff „Akzeptanz", also Dinge hinzunehmen, ohne zu werten und ohne zu beurteilen. Eine erste Reaktion auf die Anregung, gelassener zu werden, ist häufig: „Soll ich mir ab jetzt alles gefallen lassen und mich dauernd schlecht behandeln lassen?" Natürlich nicht. Akzeptanz heißt nicht, sich zum Narren zu machen und passiv alles mit sich geschehen zu lassen. Auch sollen Sie nicht auf einmal alle Ihre Prinzipien über Bord werfen. Akzeptanz meint in diesem Fall die geistige Haltung, sich nicht unnütz über alles und jeden aufzuregen.

Im Kapitel über Entspannungsverfahren wurde bereits die Achtsamkeitsmeditation erwähnt, die diese Haltung des Loslassens trainiert (S. 87). Hierzu eine kleine Übung, die scheinbar simpel ist, aber eine starke Wirkung hat. Wenn Sie sie regelmäßig praktizieren, werden Sie insgesamt gelassener und ruhiger werden und sich nicht mehr so schnell aufregen.

Übung: Den Atem spüren

Sitzen Sie einfach nur da und beobachten Sie Ihren Atem. Und nur für die Dauer der Übung stoppen Sie Ihre kleine mentale Bewertungs- und Beurteilungsmaschine, die immer im Hintergrund mitläuft. Wenn Sie sich dabei erwischen, dass Sie die Übung doof finden, dann haben Sie beurteilt. Auch wenn Sie sich dabei ertappen, dass Sie die Übung super finden, haben Sie wieder bewertet. Kehren Sie einfach immer wieder zu Ihrem Atem zurück. Sie können die Atemzüge dabei zählen und zwar von 1 bis 10. Dann fangen Sie wieder von vorne an. Denken Sie dabei immer an das Stichwort „Akzeptanz", d. h. dieser Moment ist gut so, wie er ist. Nichts muss verändert werden, alles kann so bleiben, wie es ist.

Machen Sie die Übung 5 bis 10 Minuten lang. Danach können Sie wieder zurückkehren in den Alltagsmodus und sich erneut mit den üblichen Einteilungen in Gut und Böse beschäftigen.

Sie können die Übung auf zweierlei Art einsetzen: zum einen in akuten Stresssituationen, wenn Sie bemerken, dass Ihre Erregung zu hoch ist und Sie wieder einen kühlen Kopf gewinnen müssen bzw. wenn Sie einen Aufschaukelungsprozess vermeiden möchten, etwa in einer Konferenz, in der ein Streit mit einem Kollegen droht. Hier könnten Sie das Gespräch unterbrechen und eine Pause vorschlagen, in der Sie sich zurückziehen und Ihre Gelassenheitsübung machen.

Oder Sie nutzen sie langfristig, also zur grundsätzlichen Einstellungsänderung, indem Sie die Übung regelmäßig machen, etwa jeden Morgen oder Abend. In diesem Fall erzielen Sie einen Langzeiteffekt, ähnlich wie bei den oben beschriebenen Entspannungsverfahren.

Abgrenzung

Unmittelbar an das Thema „Akzeptanz" schließt sich das Gegenteil davon an: sich abzugrenzen. Erinnern Sie sich an den Antreiber „Mach es allen recht!" (Seite 51)? Wenn Sie eine Helfernatur und immer zur Stelle sind, wenn jemand Unterstützung benötigt, oder wenn Sie oft die Arbeit Ihrer Kollegen mitmachen (irgendeiner muss es ja schließlich tun), dann ist für Sie eher die Abgrenzung ein Thema. Dazu eine kleine Imaginationsübung.

Übung: Ballon aus Licht

Stellen Sie sich vor, dass Sie von einem Ballon aus Licht umgeben sind. Dieser Ballon besteht aus einer Art Membran, die eine Besonderheit hat: Sie lässt in den Schutzballon nur das hinein, was Ihnen gut tut. Alles, was Ihnen schaden könnte, bleibt draußen. Es fällt wieder auf den Urheber zurück. Es kann natürlich sein, dass Sie selbst einmal schlecht gelaunt sind. Von innen nach außen können Sie selbstverständlich Ihre schlechten Gefühle „entsorgen". Sitzen Sie jetzt für ein paar Minuten in dieser stärkenden Umgebung und genießen die Abgrenzung und die Sicherheit.

Sie können die Übung auch an die Entspannungsübung von Seite 89 anhängen und beide Übungen kombinieren. Durch regelmäßiges Üben verfeinern Sie Ihre Wahrnehmung für alles, was Ihnen gut tut und alles, was Ihnen schadet.

Gesunder Egoismus

Um Ihre Einstellung zu ändern, klären Sie, welche der Prinzipien, denen Sie folgen, Ihnen anerzogen wurden und eigentlich gar nichts mit Ihnen zu tun haben. Wenn Sie immer artig waren und zu Weihnachten schön ein Gedicht aufgesagt haben, dann war das damals vielleicht passend. Aber müssen Sie als Erwachsener auch noch Everybody's Darling sein? Wenn Sie sich durch Ihre zuvorkommende Art selbst schädigen, dann ist es Zeit, die bisherige Einstellung gründlich zu überdenken.

Überprüfen Sie Ihre moralischen Prinzipien. Was ist davon noch angemessen und was muss überarbeitet werden angesichts Ihrer aktuellen Lebenssituation? An welchen Prinzipien haben Sie inzwischen Zweifel, weil Sie meistens zu Ihrem Nachteil ausgelegt werden?

Abgesehen davon, dass Sie niemandem nützen können, wenn Sie selbst am Boden liegen – wer geben will, der muss etwas zu verschenken haben. Bedenken Sie: Mit einem Burnout sind Sie im Moment in einer geschwächten Position, ähnlich einem Feldherren ohne Armee. Bei einem Burnout geht es deshalb darum, sich zunächst einmal selbst zu schützen. Erst dann kommen die anderen! Ich möchte den gesunden Egoismus in Ihnen stärken. Wenn Sie ein Bein gebrochen hätten, würden Sie doch auch einen Teil Ihrer Aufgaben abgeben, oder? Hätten Sie dann auch noch Gewissensbisse?

Für Ausgleich sorgen

Ein weiteres wichtiges Prinzip bei der Burnout-Prophylaxe oder bei der Genesung von einem Burnout-Syndrom sind Ausgleichserlebnisse. Mit Ausgleich ist hier das Gegenstück zur Belastung gemeint, d. h. ein gezielter Ausgleich zu den

Anstrengungen und Anspannungen des Alltags mit dem Ziel der Regeneration. Auf Anspannungen sollten Erholungsphasen folgen, in denen man sich Zufriedenheit und Genuss aus Hobbys und Freizeit holt, also auch emotionalen und mentalen Ausgleich zu einem Leben, das sonst nur aus Arbeit bestünde.

Zufriedenheitserlebnisse schaffen

Es scheint ein Paradox an sich zu sein: Genau das, was uns vor dem Burnout schützen soll, machen wir gar nicht oder viel zu wenig. Wenn man vom Typ-A-Verhalten bestimmt ist oder einen Antreiber hat, wie z. B. „Sei schnell!", dann hat man keine Zeit mehr für Hobbys und Zerstreuung. Im Gegenteil, ein Workaholic wird sogar die Nase rümpfen, wenn man ihm so etwas „Unwichtiges" wie Monopoly-Spielen oder ins Freibad gehen vorschlägt. Das ist eine bittere Logik, die leider in einer Gesellschaft, in der man sich über beruflichen Erfolg, Leistung und den Nutzen, den dies bringt, definiert, immer mehr Gültigkeit hat. Dabei sind es gerade auch unsere Hobbys und unsere außerberuflichen Interessen, die Zufriedenheitserlebnisse in unserem Leben schaffen.

Der Begriff „Zufriedenheit" muss an dieser Stelle zunächst etwas differenziert werden. Schließlich kann auch jemand mit einem Typ-A-Verhalten sehr zufrieden sein, da er sich völlig über seine Arbeit definiert. Die Befriedigung wird in diesem Fall nur aus Leistung geschöpft. Das kann jahrelang gut gehen. Aber in so einer einseitigen Haltung besteht genau die Gefahr: Dauerstress kann auf lange Sicht nicht zufrieden machen, wenn die Balance zwischen Anspannung und Entspannung nicht gewährleistet ist. Mit „Zufriedenheit" meine ich also Stress- und Spannungsausgleich. Ich empfehle Ihnen, sich gezielt Auszeiten zu gönnen und sich kleinere oder größere Wunschaktivitäten in Ihren Alltag einzubauen.

Vernachlässigen Sie Ihre Hobbys nicht

Wenn Sie sich dabei erwischen, dass Sie Ihre Hobbys schon lange nicht mehr gepflegt haben, dann wird es höchste Zeit. Wenn Sie außerdem schon immer mal einen Traum hatten, etwas Bestimmtes immer schon einmal tun wollten, aber es immer vor sich her geschoben haben, dann wäre jetzt eine gute Gelegenheit. All die Ausreden, all die Pläne, dass Sie es irgendwann einmal machen wollen, verlegen Ihren Ausgleich immer weiter in die Zukunft. Hier sind nicht nur Hobbys und Urlaub gemeint, sondern auch kleinere Zufriedenheitserlebnisse, die in der Summe zur Erholung und Balance beitragen. Die folgenden Anregungen können Sie selbst noch vervollständigen und ergänzen. Wie Sie sehen, sind es oft scheinbare Nebensächlichkeiten, die aber eine große Wirkung haben, wenn Sie sich auf sie einlassen. Sie könnten etwa

- ins Kino, Theater, Museum oder Konzert gehen,
- etwas Spannendes lesen (keine Fachliteratur!),
- ein Gesellschaftsspiel mit Freunden spielen,
- shoppen (dabei keine Schulden machen!),
- endlich wieder musizieren, basteln, handwerken, malen,
- einfach nur faulenzen,
- ein Restaurant besuchen,
- neue Kochrezepte ausprobieren,

- sich der Gartenarbeit hingeben,
- Zärtlichkeiten, Massagen, Sex nicht vernachlässigen,
- ein Wellness-Wochenende einplanen,
- ein altes Hobby aktivieren oder ein neues Hobby suchen,
- am Motorrad schrauben und dann damit fahren,
- eine Partie Golf spielen,
- bei einer Sportveranstaltung zuschauen.

Bauen Sie Ausgleichserlebnisse in Ihr Leben ein

Fangen Sie gezielt damit an, Ausgleichserlebnisse in Ihren Wochenablauf mit einzuplanen! Ein paar Kleinigkeiten müssen Sie allerdings dabei berücksichtigen. Wenn Sie langsam damit anfangen wollen, sich etwas Gutes zu tun, dann

- ohne großen Aufwand,
- Ihren Neigungen und Interessen entsprechend,
- möglichst regelmäßig,
- vielleicht mit ein paar Freunden zusammen und
- nicht zu weit weg (außer beim Verreisen).

Sie werden jetzt sagen, dass Sie gerade dafür keine Zeit haben. Dann müssen Sie sich die Zeit verschaffen! Fangen Sie mit einer Kleinigkeit an, so kommen Sie auf den Geschmack.

Den sozialen Rückhalt stärken

Wer sich in ein Netz von Partnern, Familienangehörigen und Freunden eingebunden fühlt und wer dort emotionalen Rückhalt hat, der wird weniger häufig krank und hat sogar eine höhere Lebenserwartung. Dazu gibt es verschiedene Studien, die etwa bei verwitweten Personen über mehrere Monate eine eingeschränkte Abwehrkraft des Immunsystems feststellten oder eine Verringerung von Krankheitsanfälligkeit durch gute, enge Beziehungen. Der Mensch ist ein soziales Wesen und findet in seinen sozialen Kontakten Geborgenheit und Trost. Man kann also sagen: Gutes soziales Netz = Schutzfaktor vor chronischem Stress und somit weniger Burnout-Gefahr.

Leider beobachte ich einen Trend zur „Versingelung" und Individualisierung in den Städten und gerade, wer vom Burnout betroffen ist, hat seine sozialen Kontakte vermutlich lange nicht gepflegt. Im schlimmsten Fall hat er sich sogar an die Vereinsamung gewöhnt und kann es sich nicht mehr anders vorstellen. Vielleicht haben Sie sich erst recht in die Arbeit gestürzt, weil zu Hause ohnehin niemand auf Sie gewartet hat? Dem gilt es jetzt entgegenzusteuern! Es ist klar: Wenn Ihre sozialen Fertigkeiten in den letzten Jahren etwas eingerostet sind, dann werden Sie nicht sofort ein Partylöwe sein. Das verlangt auch niemand, solange Sie bereit sind, sich Freunden gegenüber zu öffnen und ein wenig von sich zu zeigen. Zu einem sozialen Netz gehören auch Fahrgemeinschaften, eine gute Nachbarschaft, ein reges Vereinsleben, der Besuch von Straßenfesten, kurz: alles, was Sie mit anderen Menschen in Kontakt bringt. Auch beim Wiederaufbau des sozialen Netzes gilt es, klein anzufangen. Aktivieren Sie vorsichtig alte Kontakte und planen Sie Zeit mit Freunden und/oder Ihrer Familie.

Soziale Netze werden allerdings etwas idealisiert. Geborgenheit findet man nur in harmonischen Gemeinschaften und Familien. Wenn Ihre Angehörigen völlig zerstritten sind, trägt das eher zum Burnout bei, als dass es Sie entlastet. Wenn Sie aus sozialen Kontakten bewusst ausgestiegen sind, um sich zu schützen, sollten diese nicht wieder aktiviert werden (höchstens im Sinne einer Versöhnung). Prüfen Sie also zuerst, ob Ihnen die sozialen Kontakte auch wirklich gut tun, auf die Sie sich jetzt wieder vermehrt einlassen wollen.

Zeitmanagement

Ein Tag hat nur 24 Stunden. Genau das ist ein Problem vieler vom Burnout Betroffener: keine Zeit zu haben oder dies zumindest zu glauben. Vielleicht ertrinken Sie ja derzeit wirklich in einer Fülle von Aufgaben? Lassen Sie uns das einfach einmal überprüfen. Bei der Situationsanalyse (S. 74) haben Sie sich ja bereits einen Überblick verschafft. Dann haben Sie über mögliche Ziele nachgedacht und sich sortiert. Sie haben ausführlich die Vor- und Nachteile Ihrer derzeitigen Situation abgewogen. Im weiteren Verlauf haben Sie Ihre Werte und Prinzipien überprüft. All das ist auch Zeitmanagement. Auch wenn es auf den ersten Blick nicht so scheint.

Wenn Sie die Situationsanalyse von S. 74 bisher noch nicht gemacht haben, sondern das Buch zum Verständnis erst einmal nur gelesen haben, dann ist jetzt eine gute Gelegenheit, zurückzublättern und die Fragen durchzugehen.

Hinterfragen Sie Ihren Tagesablauf

Normalerweise verbindet man Zeitmanagement mit Terminplanern, Wochen-, Monats- und Jahresplänen und davon haben Sie bei Ihrer Arbeit wahrscheinlich schon genug? Das ist sicherlich nur ein Teilaspekt von Zeitmanagement, wenn auch ein sehr wichtiger. Ich möchte diesen Aspekt nicht überbetonen. Im Folgenden möchten wir Ihnen stattdessen ein paar Fragen stellen, um zu verhindern, dass Sie Aufgaben automatisch ausführen. Stellen Sie sich einen typischen Tag mit der Aufgabe X vor:

So hinterfragen Sie Termine und Aufgaben

- Müssen unbedingt Sie diese Aufgabe ausführen? Oder kann Sie jemand vertreten?
- Muss dieser Termin gerade jetzt sein? Kann er auch verschoben werden?
- Muss die Aufgabe so ausgeführt werden wie bisher? Oder geht es auch anders?
- Ist die Aufgabe überhaupt notwendig? Oder kann sie im Extremfall sogar komplett entfallen?

Es geht nur darum, dass Sie nicht ständig auf Autopilot laufen. Sie sollen auch nicht alles ständig hinterfragen, sondern sich einfach nur etwas mehr Freiräume schaffen. Sie wissen doch: Viele Termine und Meetings finden doch eigentlich nur deswegen statt, „weil wir das schon immer so gemacht haben".

Zeitplaner benutzen

Kommen wir noch einmal auf die Terminplaner zurück. Wenn Sie von Blackberry und Outlook geplagt sind, ist dies wahrscheinlich kein Thema für Sie. Wenn Sie allerdings noch nie mit einem derartigen System gearbeitet haben, dann sollten Sie sich mit dem Gedanken anfreunden. Sie werden dadurch gezwungen zu planen, Zeiträume einzuschätzen, Entscheidungen zu treffen und nachzukontrollieren. Sie können mit solch einem System Pufferzeiten einrichten und Zeiten, wo Sie völlig ungestört sind, die goldenen Stunden. Gerade wenn Sie die Empfehlungen aus diesem Buch umsetzen wollen, wie z. B. Entspannungsübungen, Sport oder Zufriedenheitserlebnisse, müssen Sie diese ja auf die Woche verteilen. Eine Wochenübersicht ist also nicht grundsätzlich ein weiterer Stressfaktor.

Zeitfresser finden

Das Thema Pufferzeit ist natürlich eine Ironie an sich in einem Buch über Burnout. Sie kennen wahrscheinlich die Empfehlung, man solle nur 60 % der täglichen Arbeitszeit verplanen und den Rest freihalten für Unvorhergesehenes. Ein vom Burnout Betroffener hat aber aller Wahrscheinlichkeit nach 150 % seiner Zeit verplant und legt die Zeit für Unvorhergesehenes noch oben drauf, oder? Das ist genau die Frage: Gibt es in Ihrem Tagesablauf so etwas wie Zeitfresser und gar Zeitverschwender? Diese gilt es zu identifizieren und zu reduzieren. Dafür müssen Sie zunächst feststellen, womit Sie durchschnittlich Ihre Zeit verbringen, auch die Zeit nach der Arbeit, also den Feierabend und das Wochenende. Als Nächstes identifizieren Sie Störungen und Unterbrechungen. Welche von diesen Störungen können Sie abstellen?

Beispiele: Zeit gewinnen

Nehmen wir mal an, Sie müssen Ihr Kind immer mittwochs zum Musikunterricht fahren. Organisieren Sie eine Fahrgemeinschaft mit zwei anderen Eltern, dann sind Sie nur alle drei Wochen dran. Wenn Ihr Kind Fahrradfahren kann, wechseln Sie zu einer Musikschule, zu der das Kind allein hinkommt.

Wenn Ihre Schwiegereltern sich ständig selbst einladen, lernen Sie, sich abzugrenzen. Machen Sie feste Termine. Lassen Sie sich nicht emotional unter Druck setzen. Sagen Sie, dass es im Moment ungünstig ist. Gebrauchen Sie ruhig eine Notlüge: Sie müssen schließlich noch eine Besorgung machen.
Checken Sie alle Meetings dieses Monats. Manche finden nur aus Gewohnheit statt und beschäftigen sich mit Kleinigkeiten. Prüfen Sie, ob Sie bei einem dieser Treffen fehlen können. Entschuldigen Sie sich offiziell und begründen dies mit einer wichtigen anderen Aufgabe.

Was ist wichtig?

Das Thema Gewichtung oder Priorisierung ist eines der Hauptthemen im Bereich Zeitmanagement. Stellen Sie sich dabei die Frage, welche Aufgaben Ihnen im Alltag wichtig sind, aber auch, welche Tätigkeiten oder Ziele in Ihrem Leben überhaupt Bedeutung haben. Das ist natürlich nicht leicht für jemanden, der gerade wie ein Hamster im Rad funktioniert. Eine Technik, die dazu oft angegeben wird, ist das Eisenhower-Prinzip, benannt nach dem amerikanischen General.

Die folgende Grafik besagt, wie man am besten mit dringenden und/oder wichtigen Aufgaben umgeht. Wenn Sie ständig nur dringende Dinge erledigen, die dazu auch noch wichtig sind, dann machen Sie eigentlich so etwas wie Schadensbegrenzung und spielen dauernd Feuerwehr. So ist ein Burnout prädestiniert. Nur als Gedankenexperiment: Checken Sie einmal Ihren Wochenplan nach den Eisenhower-Kriterien! Die Pointe beim Eisenhower-Prinzip ist die, dass wir uns viel zu häufig mit Dingen beschäftigen, die eigentlich unwichtig sind oder die noch warten könnten. Die Zeitfresser eben. Und wir delegieren zu wenig. Aufgaben, die zwar dringend sind, aber nicht wichtig, kann im Prinzip auch jemand anderer erledigen.

		Dringlichkeit	
		Nicht dringend	Dringend
Wichtigkeit	Wichtig	Terminieren und persönlich erledigen	Sofort selbst erledigen
	Nicht wichtig	Papierkorb	Delegieren

Richtiger Umgang mit dringenden und wichtigen Aufgaben

Fragen Sie nach Ihren langfristigen Zielen

Wichtige Ziele sind solche mit einer Langzeitperspektive. Die Schwierigkeit für einen Burnout-Gefährdeten besteht darin, zuerst einmal zu definieren, was überhaupt wichtig und was dringend ist. Fragen Sie sich deshalb ruhig, was Sie an längerfristigen Zielen planen:

- Welche größeren Anschaffungen haben Sie vor?
- Welche größeren familiären Ziele haben Sie?
- Was wollen Sie beruflich langfristig erreichen?
- Und was ist Ihnen überhaupt wichtig im Leben?
- Welchen Beitrag wollen Sie zum Gemeinwesen leisten?
- Falls Sie spirituelle Ziele haben, welche sind das?
- Wo wollen Sie in fünf, wo in zehn Jahren stehen?

Gerade in einer Burnout-Situation kann es hilfreich sein, nach Möglichkeiten zu suchen, das Leben nach diesen Richtlinien, also dem, was Ihnen wichtig ist, auszurichten. Natürlich kommt immer wieder einmal etwas Unerwartetes dazwischen. Das sind dann die dringenden Momente.

Was machen Sie mit Ihrer frei gewordenen Zeit?

Für Burnout-Gefährdete besonders interessant: Bessere Zeitorganisation soll zu mehr Freiräumen führen. Wenn die gewonnene Zeit aber mit neuen Aufgaben gefüllt wird, treibt man den Teufel mit dem Beelzebub aus. Gerade bei betrieblichen Umstrukturierungen erleben dies viele: Da werden z. B. Abteilungen zusammengelegt, um Abläufe effizienter zu gestalten und Zeit zu sparen, und das Gegenteil ist der Effekt.

Widerstände einberechnen

Nehmen wir an, Sie haben einige der in diesem Buch vorgestellten Anregungen umgesetzt und sind auf Widerstände gestoßen. Vielleicht hat Ihre Einstellungsänderung nicht so geklappt, wie Sie sich das vorgestellt haben? Oder Ihre Firma war nicht so kooperativ wie erwartet? Vielleicht hat Ihre Familie nicht eingesehen, dass sich etwas ändern soll?

Warum Sie auf Widerstände treffen

Menschen sind Gewohnheitstiere. Und so hat sich auch Ihr Umfeld daran gewöhnt, dass Sie immer funktionieren. Es werden wahrscheinlich nicht alle Kollegen verständnisvoll sein und Rücksicht auf Sie nehmen. Es ist auch nicht sicher, dass sich Ihre Vorgesetzten sofort für Sie einsetzen und eine unmittelbare Lösung suchen. Wenn Sie Ihre Situation ändern möchten: Rechnen Sie Widerstände mit ein! Es wird nicht immer glatt laufen, selbst wenn Sie selbst sehr strukturiert vorgehen und fürsorglich mit sich umgehen. Einige Beispiele:

- Vielleicht ist es Firmenpolitik, Sie zu „verheizen"? Es gibt ja genug neue Arbeitssuchende, die Ihren Job gern machen würden? Vielleicht hat Ihr Unternehmen kein Interesse an einem Generationenmix? Vielleicht möchte man mehr junge Mitarbeiter? Vielleicht sind Sie zu alt oder zu teuer? Oder Ihre Abteilung will gar nicht familienfreundlich sein?
- Und zu guter Letzt die liebe Familie: Warum sollten sich Ihre Geschwister auf einmal bei der Pflege der Mutter

beteiligen? Es ging in den letzten Jahren doch gut. Sie können um Hilfe bitten, aber es kann Ihnen passieren, dass vordergründig eine Verhandlungsbereitschaft signalisiert wird, aber letztlich alles beim Alten bleibt.

Was Sie tun können

Bei jedem Aushandeln von neuen Rahmenbedingungen müssen beide Seiten an einer Lösung interessiert sein. Wenn Sie Ihre Arbeitssituation verändern wollen, dann muss Ihrem Verhandlungspartner wirklich ernsthaft daran gelegen sein, Ihnen entgegenzukommen. Wenn Sie mehrmals das Gespräch gesucht haben und keine nennenswerte Veränderung eingetreten ist, dann sollten Sie sich damit abfinden, dass Sie im Interesse Ihrer Gesundheit einen geordneten Rückzug antreten müssen.

> Eine Schlacht zu verlieren, heißt nicht, den Krieg zu verlieren! Sie kämpfen nicht auf verlorenem Posten, sondern stehen über den Dingen. Letztlich steigen Sie mit erhobenem Haupt aus der Situation aus.

So kontrollieren Sie Ihre Fortschritte

Eine unverblümte Realitätsprüfung ist gerade beim Thema Burnout unerlässlich. Wir hoffen, dass Sie nach dem Studium dieses Buches die Realität nicht mehr verdrängen, auch wenn dies anstrengend und unangenehm sein kann. Die folgende Liste zeigt Ihnen, was Sie schon erreicht haben.

Checkliste: Schutzmaßnahmen gegen Burnout	Ja?
▪ Ich habe Distanz zu meinen Problemen hergestellt, indem ich bewusst Abstand geschaffen und mich mit meiner Lebenssituation auseinandergesetzt habe.	
▪ Ich bin dazu für ein paar Tage weggefahren und habe wirklich räumlichen Abstand gefunden.	
▪ Ich habe die Situationsanalyse gemacht.	
▪ Ich habe die Grafik über Energiegeber und Energieräuber angefertigt und die Energiefresser priorisiert.	
▪ Ich habe zwei Zeitlinien erarbeitet, eine für die berufliche, eine für die private Belastung.	
▪ Ich habe alle Probleme mit einem Freund/einer Freundin besprochen.	
▪ Ich habe mir Gegenmaßnahmen ausgedacht.	
▪ Dazu habe ich Ziele definiert und nach den Zielfindungskriterien formuliert.	
▪ Es haben sich dadurch mindestens drei (besser noch fünf) Ziele ergeben.	
▪ Ich habe ein Entspannungsverfahren in meinen Wochenablauf integriert.	
▪ Ich habe begonnen, vorsichtig Sport (oder zumindest Bewegung) auszuüben.	
▪ Ich bin mir grundsätzlich über meine berufliche Situation klar geworden.	

- Ich habe ein Wechselszenario durchgespielt.
- Ich habe ein Ausstiegsszenario durchgespielt.
- Ich habe mich in meinem Betrieb und bei Rentenberatungsstellen über Altersteilzeit oder über vorzeitige Rente informiert.
- Ich weiß, wie viel Geld ich im Falle eines Ausstiegs für meinen Lebensunterhalt zur Verfügung hätte.
- Ich habe vor, meine Einstellung zu ändern und daran zu arbeiten, gelassener zu werden.
- Ich habe mich mit meinen Antreibern und meinen Erlaubnissen auseinandergesetzt.
- Ich habe mich mit meinem Gewissen beschäftigt.
- Ich habe systematisch Zufriedenheitserlebnisse in meinen Wochenablauf eingebaut.
- Ich habe begonnen, wieder mehr soziale Kontakte und alte Freundschaften zu pflegen, die mir gut tun.
- Ich habe mich mit dem Thema „Zeitorganisation" auseinandergesetzt.
- Ich habe viele Zeitfresser gefunden und Zeitverschwendung reduziert.
- Ich habe neu für mich definiert, was mir wirklich wichtig ist im Leben.
- Ich habe neu definiert und erkannt, was für mich unwichtig ist.

Jeder Schritt zählt

Wenn Sie bis hierher durchgehalten haben, dann sind Sie schon einen großen Schritt weiter. Sie wissen vieles über die Entstehungsmechanismen und Gegenmaßnahmen von Burnout. Vielleicht haben Sie bereits die eine oder andere Technik ausprobiert und sich Gedanken über Schutz- und Gegenmaßnahmen gemacht oder solche schon in die Wege geleitet. Anhand der obigen Übersicht können Sie zu jedem beliebigen Zeitpunkt überprüfen, wie weit Sie gekommen sind und was Sie schon alles erreicht haben. Wenn einige Punkte fehlen und noch nicht abgearbeitet sind – lassen Sie sich Zeit, bleiben Sie aber kontinuierlich am jeweils nächsten Schritt.

Sie kennen vielleicht das Sprichwort von Konfuzius: „Jede Reise beginnt mit dem ersten Schritt." Der Anfang zählt, damit haben Sie den entscheidenden Schritt aus Ihrem Burnout-Syndrom getan.

Setzen Sie sich nicht unter Druck! Ihr Burnout hat sich höchstwahrscheinlich über einen langen Zeitraum entwickelt, bei manchen Menschen über viele Jahre. Wie soll es dann von heute auf morgen verschwinden? Es ist also völlig in Ordnung, den Ratgeber immer mal wieder herauszuholen und Schritt für Schritt durch die einzelnen Punkte zu gehen.

Auf einen Blick: Sich vor dem Ausbrennen schützen

- Um sich vor einem Burnout bzw. vor einem Fortschreiten des Burnout-Syndroms zu schützen, ist der wichtigste Schritt eine Bestandsaufnahme der gegenwärtigen Lebens- und Arbeitssituation.
- Es ist sinnvoll, eine Situationsanalyse durchzuführen. Dazu gehört es, die individuellen Stressoren zu identifizieren, sowohl die äußeren als auch die inneren.
- Daraus ergeben sich Veränderungsziele für Ihr Verhalten, Ihre Einstellung und für die Rahmenbedingungen.
- Durch Prioritätensetzung können Sie die Kontrolle über eine Überlastungssituation zurückgewinnen.
- Eine Einstellungsänderung – hin zu mehr Gelassenheit – kann hilfreich sein, wenn Sie zur Selbstüberforderung neigen.
- Rechnen Sie mit Widerständen gegen Veränderungen.
- Als letzte Möglichkeit für eine verfahrene berufliche Situation bleibt manchmal nur ein Ausstieg.
- Schutz gegen Burnout bieten ein ausgewogenes Programm aus Entspannungsübungen und Bewegung, ein stabiles soziales Netz sowie Erholung, also regelmäßiger Spannungsausgleich und Zufriedenheitserlebnisse durch Freizeitaktivitäten.

Literaturverzeichnis

Matthias Burisch, Das Burnout-Syndrom, Springer Verlag, Heidelberg 2009

Michael P. Leitner und Christina Maslach, Burnout erfolgreich vermeiden, Springer Verlag, Wien 2007

Sven Max Litzcke und Horst Schuh, Stress, Mobbing, Burn-Out am Arbeitsplatz, Springer Verlag, Berlin 2010

Stichwortverzeichnis

Bibliografische Information der Deutschen Nationalbibliothek
Die Deutsche Nationalbibliothek verzeichnet diese Publikation in der Deutschen Nationalbibliografie; detaillierte bibliografische Daten sind im Internet abrufbar über http://dnb.d-nb.de.

ISBN 978-3-448-10145-4
Bestell-Nr. 00338-0001

Redaktionsanschrift: Fraunhoferstraße 5, 82152 Planegg
Fon (0 89) 8 95 17-0, Fax (0 89) 8 95 17-2 50
E-Mail: online@haufe.de
Internet: www.haufe.de
Redaktion: Jürgen Fischer
Redaktionsassistenz: Christine Rüber

Konzeption, Realisation und Lektorat: Sylvia Rein, 81371 München
Umschlaggestaltung: Kienle gestaltet, 70178 Stuttgart
Druck: freiburger graphische betriebe, 79108 Freiburg

Der Autor

Dr. med. Christian Stock

Facharzt für Innere und Psychotherapeutische Medizin, Leitender Oberarzt in einer Psychosomatischen Fachklinik, Lehrtrainer (DVNLP), Klinische Hypnose (M.E.G.), EMDR (EMDRIA), Coaching mit den Schwerpunkten Burnout, Mobbing und Stressbewältigung, Supervision. Nebenberuflich ist er in freier Praxis in Bielefeld tätig.

Internet: www.stockseminare.de
Kontakt: c.stock@onlinehome.de

Weitere Literatur

„Stressmanagement", von Matthias Meifert, Christine Kentzler und Julia Richter. 200 Seiten, € 24,95. ISBN 978-3-448-08741-3, Bestell-Nr. 00179

„Das Lotusblütenprinzip. Gelassenheit im Job durch den Abperl-Effekt", von Thomas Augspurger, 192 Seiten, € 19,80. ISBN 978-3-448-09279-0, Bestell-Nr. 00207

„Vertrauen. Wie man es aufbaut. Wie man es nutzt. Wie man es verspielt", von Matthias Nöllke, 224 Seiten, € 19,80. ISBN 978-3-448-09591-3, Bestell-Nr. 00128

TaschenGuides – Qualität entscheidet

Bereits erschienen:

Der Betrieb in Zahlen

- 400 € Mini-Jobs
- Balanced Scorecard
- Betriebswirtschaftliche Formeln
- Bilanzen
- BilMoG
- Buchführung
- Businessplan
- BWL Grundwissen
- BWL kompakt – die 100 wichtigsten Fakten
- Controllinginstrumente
- Deckungsbeitragsrechnung
- Einnahmen-Überschussrechnung
- Finanz- und Liquiditätsplanung
- Formelsammlung Betriebswirtschaft
- Formelsammlung Wirtschaftsmathematik
- Die GmbH
- IFRS
- Kaufmännisches Rechnen
- Kennzahlen
- Kontieren und buchen
- Kostenrechnung
- VWL Grundwissen

Mitarbeiter führen

- Besprechungen
- Checkbuch für Führungskräfte
- Führungstechniken
- Die häufigsten Managementfehler
- Management
- Managementbegriffe
- Mitarbeitergespräche
- Moderation
- Motivation
- Projektmanagement
- Spiele für Workshops und Seminare
- Teams führen
- Workshops
- Zielvereinbarungen und Jahresgespräche

Karriere

- Assessment Center
- Existenzgründung
- Gründungszuschuss
- Jobsuche und Bewerbung
- Vorstellungsgespräche

Geld und Specials

- Sichere Altersvorsorge
- Energie sparen
- Energieausweis
- Geldanlage von A–Z
- IGeL – Medizinische Zusatzleistungen
- Immobilien erwerben
- Immobilienfinanzierung
- Meine Ansprüche als Rentner
- Die neue Rechtschreibung
- Eher in Rente
- Web 2.0
- Zitate für Beruf und Karriere
- Zitate für besondere Anlässe

Persönliche Fähigkeiten

- Allgemeinwissen Schnelltest
- Ihre Ausstrahlung
- Burnout
- Business-Knigge – die 100 wichtigsten Benimmregeln
- Mit Druck richtig umgehen
- Emotionale Intelligenz
- Entscheidungen treffen
- Gedächtnistraining
- Gelassenheit lernen
- Glück!
- IQ – Tests
- Knigge für Beruf und Karriere
- Knigge fürs Ausland
- Kreativitätstechniken
- Manipulationstechniken
- Mathematische Rätsel
- Mind Mapping
- NLP
- Optimistisch denken
- Peinliche Situationen meistern